ホテル・ホスピタリティの探求

寺澤 朝子　著

五絃舎

はじめに

　ホスピタリティの概念は，あらゆる産業に関わるため，観光業を筆頭として病院やものづくりの企業をも対象とし，これまでさまざまなかたちで探究されてきた。また，元々は 2020 年開催予定であった東京オリンピック招致で注目された「おもてなし」という言葉についても，日本の伝統文化である茶道の精神とつながっている日本ならではホスピタリティという解釈で多くの文献に紹介されている。しかしながら，ホスピタリティやもてなしに関する統一された定義等は存在せず，類似概念であるサービスとの異同に関しても，文献によって異なった説明がなされていることが多い。

　そこで本書では，ホスピタリティの概念を組織行動論やコミュニケーションに関する研究成果を援用して，これまでにない視点から解明したいと考えている。ホスピタリティは，多くの産業や企業で重要視されているが，本書では，これまで紹介されることの少なかった会員制のホテルを事例として考察を加える。会員制ホテルの最大の特徴は，利用客のほとんどがリピーターであるということである。繰り返し訪れる利用客に対し，クオリティの高いサービスの提供と同時に会員に新鮮な感動を呼び起こすホスピタリティの実践が，ハードとソフトの両面において求められるため，一般的なホテルとは異なるニーズを満たす必要がある。

　本書で取り上げるリゾートトラストグループは，国内会員制リゾートクラブ業界において 29 年連続で売上高 No.1 を維持している[1]。同社の 18 万人（ホテル会員は 13 万人）を超す会員は，それぞれ特定のホテルの会員権を持ち，趣の異なる 39 施設を希望の用途で活用し，8000 名（ホテルスタッフは約 6000

1）出典：2020/11/11 日経 MJ「第 38 回サービス業総合調査」ランキングより

名）近いスタッフが彼らにサービスを提供している。会員にクオリティの高いサービス提供と感動を生み出すホスピタリティの実践を行うスタッフの人材育成は，容易なことではない。本書では，会員制ホテルならではの人材育成の試みに関しても紹介し，考察を加えたいと考えている。

著者の専門である組織行動論は，組織の中の人間行動を研究対象とする学問であるが，長期的に顧客満足すなわち CS を高めるためには，従業員満足すなわち ES を高めることが必須であることが分かっている。従業員であるホテルスタッフの達成感や成長実感は，一緒に働く仲間や会員との社会的相互作用から得られるからである。

個々のスタッフのスキル向上だけでなく，従業員同士の信頼関係，チームワークから生まれる連携が，ホスピタリティの実践には欠かせない。組織行動論の概念や研究内容を援用しつつ，ホテルスタッフのホスピタリティ実践とサービス提供を「ルーティンとノン・ルーティンのバランスの良い表出」「柔軟性と安定性という相反する行為の実現」「低コンテキストおよび高コンテキストの状況に合わせた対応」などの観点から新たなフレームワークを提示することを試みる。

本書は次のような章構成となっている。まず，第 1 章で，既存研究からホスピタリティの概念の持つ様々な意味を語源も含めて明らかにする。さらに，もてなしやサービスの概念との異同も考えてみたい。

第 2 章では，本書が射程におくホスピタリティ・マネジメントを明らかにしたい。ホスピタリティ・マネジメントは 2 つの側面から考察することができる。ひとつは，社員にホスピタリティを発揮させるマネジメント，もうひとつは，ホスピタリティ産業の企業マネジメントである。前者は，CS（顧客満足）に軸をおいており，後者は ES（従業員満足）の実現を目指す必要がある。ホスピタリティとサービスの概念を区別したうえで，CS を高める ES を実現するマネジメントを探る。

つづく第 3 章では，組織行動論の概念や研究成果を援用し，サービス提供とホスピタリティ発揮に関するフレームワークを提示する。ホテルスタッフとホテル利用客との社会的相互作用で生じる信頼関係の確立と満足感，感動体験を

生み出すメカニズムとは何か。ホテルスタッフが経験する場を安定性／柔軟性の発揮と低コンテキスト／高コンテキストによって分類し，ルーティン／ノン・ルーティンな行為の表出をサービスを提供したり，ホスピタリティを発揮するホテルスタッフの行為の発展段階モデルとして整理する。段階を踏んで，キャリアを積むことによって唯一無二のホスピタリティ発揮ができるようになると仮定し，現場での実践と理論との架橋を試みたい。

　第4章では，会員制ホテルのホスピタリティを考えるため，リゾートトラストグループの特徴を概観し，一般ホテルとの異同を明確にした上で，よりクローズドなマーケットでのホスピタリティ実践を「リゾートトラストで本当にあった心温まる物語」で紹介されているエピソードから考察してみたい。

　さらに第5章では，CSとESの双方を同時に実現するためにスタートした「プレジャープロジェクト」を考察する。プロジェクトを始めた背景，活動内容，達成した成果と残された課題から，このプロジェクトが，組織学習のひとつである実践共同体としての特徴を有しており，すぐれた人材育成の手法となっていることを指摘したい。

　ホスピタリティの語源である相互共生・信頼・相互敬意から導かれる本来のホスピタリティとは，ホテルスタッフがホテル利用客にホスピタリティを発揮するだけではない。ホテルスタッフが仲間に対してもホスピタリティを発揮すること，さらにはホテル利用客がホテルスタッフにホスピタリティを発揮し，ホテルスタッフを育ててくれるような場が生まれることが理想的である。さらに，ホスピタリティ・マネジメントはCSとESの双方の実現を目指す組織や仕組みを追求し続けることであり，そのための理論と実践をつなげる一視点を読者に提供できれば幸いである。

　2021年7月

　　　　　　　　　　　　　　　　　　　　　　　　　　著　者

目　　次

第1章　ホスピタリティの語源と類似概念の整理

第1節　ホスピタリティの語源

　この章では，まずホスピタリティの語源を明らかにしていこう。ホスピタリティの語源は，服部（1996, 2004, 2008）に詳しい。

　古ラテン語の hostis(味方としてのよそ者) とラテン語の potis(可能な，能力のあるの意) が合成されて，ラテン語の hospes（主催者および来客の両方の意味を持つ言葉)が生まれる。その言葉の形容詞形が hospitalis(歓待するの意) であり，古フランス語や中世英語へと派生して，現在の hospitality の言葉が生まれたとされる。また，hospitalis の中性形が hospitale(宴会場や来客用の部屋)であり，古フランス語に取り入れられ，接待所，宿泊所の hospital が，16 世紀に病院の hospital となったようだ。同様に，hospitalis の中性形から古フランス語に取り入れられたときには，宿泊所としての hostel が生じ，17 世紀には，フランス語の hotel(ホテル) から英語の hotel も生まれている。

　ちなみに，古ラテン語の hostis(味方としてのよそ者) から hosti（よそ者，敵)という意味に変化していったため，hostility(敵意) や hostile(敵の) という言葉を生んでいることも興味深い。

　鄭（2011）も服部と同様にホスピタリティの語源は hospes であり，訪問者の保護者を意味するラテン語であるという。本来は信仰心をもとに行われる無私の献身と歓待を指しており，ここから「訪問者（ゲスト）を丁重にもてなすこと」という意味が広まったという。

　他方，徳江（2018）は，ホスピタリティという言葉から何を連想するかという調査をした結果，上位にあがった言葉が「おもてなし」「思いやり，親切，心

遣い，気遣い」「サービス」であったことから，ホスピタリティの概念について，一般的にわかりやすい事例で表現されてしまっていることを指摘している。理論的な研究の視点からは，一般にわかりやすい事例でホスピタリティを表現することでホスピタリティの概念の本質を損なってしまう可能性もある[1]。たとえば，加藤・山本（2009）は，「感動」や「幸福」を生み出すことがホスピタリティとして語られることに危惧を抱いている。なぜなら，「感動」や「幸福」は，ホスピタリティを感じられた「結果」として，派生して生じるものであり，感動や幸福を生み出すことそのものを目指すのが，ホスピタリティではないからである。

先述した服部によると，現在ホスピタリティは，もてなしという言葉で代替されることが多いが，英語を中心としてヨーロッパの言語では，もてなし以外の広範な要素を持つ用語である。もともとのラテン語の hospes には，主客双方の相互作用が含意されていたように，もてなす側である主人（hosts）ともてなされる側である客人（guests）は同じ共同体に属しており，相互に互助，互恵，互酬の義務を負った関係にあるという。他方で，巡礼者や困窮者への慈悲や，救済，異人への避難所的発想から生まれた歓待，厚遇の概念からそうした来客用の場所が，ひとつは，宿泊や飲食を提供するホテルやホステルとなり，もうひとつは，医療や福祉の病院やホスピスとなっている。

したがって，ホスピタリティの語源から忠実にホスピタリティの精神と実践を理解しようするのであれば，次の２つのセンテンスに常に依拠する必要があろう。

1. 主人（hosts）と客人（guests）が同じ共同体に属し，互助，互恵，互酬の義務を負う
2. 相手が敵か味方かはわからないが，信仰心に基づいた無私の献身と歓待を行う

1）徳江（2018）は，ホスピタリティ研究の学問分野内での統一的見解が存在しないことと，どの研究においても本質的な部分は同様のことを意識しているが，表面的な要素における解釈について，非常に多くのバリエーションが生じてしまっていることを指摘している。

第 2 節　もてなしとサービスの概念

　もてなし（持成し）という言葉は，接頭語である「もて（持て）」と「成し」
が合成された名詞である。接頭語は動詞の上について，意味を強調する働きや
手段・方法・材料などを示している。「成し」や「成す」は，そこに存在しなかっ
たものを新たに創りあげることやある行為をすること，成し遂げること，高貴
の人があることを行うことを意味する（服部，2004）。

　山上（2008）は，ホスピタリティに対する日本語の用語は，名詞が「もて
なし」であり，動詞は「もてなす」であるという。「持て成し」とは，とりなし，
ふるまい，待遇，馳走を指し，「御持て成し」の「御」は尊敬する人に関係す
る事物に関する丁寧の気持ちを表すため，おもてなしとは，相手に対して丁寧
な思いやりの心を込めて接することを意味しており，茶道の要諦と重なる（岩
本・高橋，2014）。このことから，もてなしは茶道文化と密接に結びついており，
茶道におけるもてなしやもてなす行為は，ホスピタリティの実践と通じるとこ
ろも多い。

図 1-1　ホスピタリティとおもてなし類似点

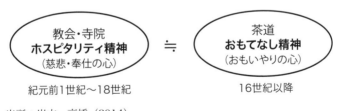

出所：岩本・高橋（2014）

　ここで，もてなしとホスピタリティの概念の異同を整理してみよう（図
1-1）。服部によると，もてなしの言葉は，ホスピタリティと異なり，一方通行
の人間関係を示し，もてなされる主人ばかりが優位に働くため，ホスピタリティ
よりも片利共生の意味合いがあるという。しかし，岩本・高橋によれば，サー
ビスが受け手のニーズに向けて一方向に供給されるのに対し，もてなしもホス

ピタリティも双方向性を有するものであるという。彼らは，歴史的に見れば無償性という点についても共通性があると考えているが，現代のホスピタリティ産業の有償性から必ずしもそうではないとも主張している[2]。

　いずれにしても，後述するサービスとは明らかに区別される概念であり，ホスピタリティともてなしには，双方向性という共通点があるが，ホスピタリティの方がより広い意味を包含した概念であることは間違いないであろう。

　次にサービスという言葉について考えてみよう。サービスの語源は，ラテン語の形容詞 servus（奴隷の，利用する権利のある）から　slave（奴隷）やservant（召使）の単語が派生したように，「奉仕される側」と「奉仕する側」が明確に決まっている片利共生，一時的な主従関係を表すものであり，ホスピタリティ，さらにもてなしとは一線を画した意味であるという（服部，2008；山上，2008）。

　山上によると，こうした主従関係は，今日でも取引関係のなかで消費者の意思が優先されることにつながり，提供者（売り手）は従者としての役割を演じることが多いという。サービスに力関係による支配・従属という語意が含まれていることから，売り手の立場を犠牲にして，「お客様は神様だ」と言われるように消費者優先・優位を掲げるビジネスを生み出しているのかもしれない。

　その意味で，山上は，サービスとホスピタリティの違いを明確にしており，サービスが上下関係，主従関係の語意があるのに対し，ホスピタリティは対等関係，相互関係にあると主張する。

　同様に，鄭(2011) も，サービスは画一化，同一化された態度でマニュアル化されるのに対し，ホスピタリティは相手の個別的なニーズに基づいたもので，「以心伝心」の感情的つながり，双方の信頼関係を大切にするため，異なった意味を持つと主張している。

---

2) 岩本・髙橋 (2014) は，現在では，対価の有無の点でホスピタリティともてなしとは，根本的に異質であるという。その理由として，ホスピタリティの向上はビジネスに直結すること，ホスピタリティが奉仕料またはサービス・チャージという形で金銭的に換算されることが多いからであるという。しかしながら，「おもてなし」による集客効果がビジネスと関係ないとも言えず，こうした用語を使用する個々の主体がそれぞれ語意を確認していく他はないであろう。

　サービスの概念は，様々な学問分野で幅広く使われているため，本書の議論に広義から狭義の意味まで射程に入れることはしないが，ホテル・ホスピタリティの実践を描写するために，非常に重要な概念であるため，あくまでホスピタリティとの相違点に着目し，両者を区別しつつ活用していくことになろう。

第3節　本章での概念整理

　本章では，ホスピタリティ，もてなし，サービスの語源とさまざまな定義のされ方をみてきた。あらためて関連文献を渉猟し，上記の3つの概念の扱い方は論者によって以下に大別されているようだ。

　ひとつは，研究対象はさまざまであるが，ホスピタリティともてなし，サービスの3つの概念を異なる用語として，使い分けている文献である。

　もうひとつは，サービスとは明らかに区別するが，ホスピタリティともてなしをほぼ同概念として扱う，あるいはホスピタリティ精神に基づいたもてなし，といった組み合わせた概念として扱う文献である。

　本書では語源の違いから，前者のように三者を異なる概念として使い分け，図1-2のように整理する。

図1-2　語源から見る3つの概念

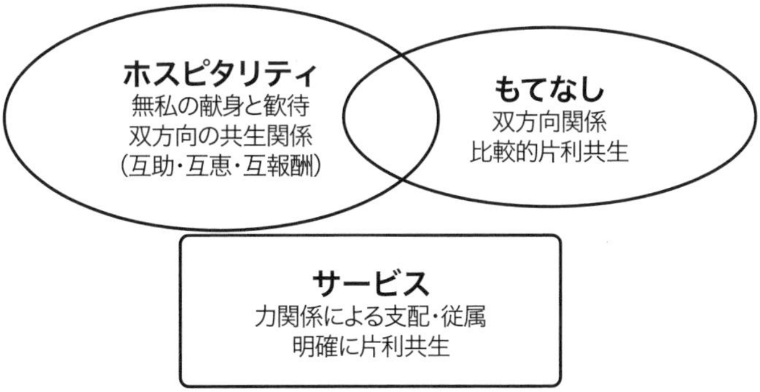

ホスピタリティ
無私の献身と歓待
双方向の共生関係
（互助・互恵・互報酬）

もてなし
双方向関係
比較的片利共生

サービス
力関係による支配・従属
明確に片利共生

出所：岩本・高橋（2014）

　この章で明らかにしたように，ホスピタリティの方が，もてなしより幅広い概念である。また，どちらかが利すれば良いという片利共生ではなく，双方向の共生関係をより強く意識している。特にホスピタリティの概念には，迎える主人（Hosts）と迎えられる客人（Guests）が同じ共同体に属し，互いへの義務を負うスタンスがあり，より民主主義的な考え方である。

　サービスは，明確に片利共生であり，力関係による支配・従属の語源から生まれた概念であるが，本書で取り上げるホテル・ホスピタリティの実践主体であるホテルスタッフは，質の高いサービスがあたりまえのように求められることも事実である。図 1-2 に示したように，サービス提供を土台にしたホスピタリティの実践がホテルの現場において求められることは想像に難くない。

第2章　ホスピタリティ・マネジメント

第1節　多義的なホスピタリティ・マネジメント

　本章では，まずホスピタリティ・マネジメントの2つの意味を明らかにし，本書で対象とするホスピタリティ・マネジメントとは何かを明らかにする。次に，ホテルにおけるホスピタリティとサービスの概念を区別しつつ，ホスピタリティ発揮に関する基本的な考え方を提示する。さらに，CS（顧客満足）を向上させ，ロイヤルティの高い顧客を増やすために必要とされる ES（従業員満足）を生み出す組織的な仕組みが不可欠であることを明らかにしたい。

　ホスピタリティ・マネジメントの概念は，多義的であり，主に二種類に分けられる。ひとつは，「ホスピタリティを扱う産業のマネジメント」の意味である。ホスピリティを扱う産業は，中根（2013）によると，飲食店業，ホテル・会議場・マリーナ等をさすが，それ以外にテーマパークや観光地，航空・電車鉄道・バスなど，旅行業やコンベンションセンター等も含まれる。山口・椎野（2018）は，ホスピタリティ産業とは，人と人とが直接対応し合うコミュニケーションを不可欠とするサービス産業であり，客への対応の良し悪しが評価の対象となるビジネス産業であると説明しているため，中根の取り上げた先述の産業はすべて当てはまるといえよう。他方，米国でホスピタリティ・マネジメントといえば，一般にホテル・マネジメントをさすことが多い。

　さらに，「ホスピタリティを扱う産業のマネジメント」を研究対象とした場合は，経営学におけるすべての経営資源が射程範囲に入る。経営資源とは，一般的にヒト，モノ，カネ，情報であるといわれ，それらを経営戦略に基づいていかに

配分し，ビジネスとして顧客に提供するのかを考えるのがマネジメントである。

　もう一つは，「ホスピタリティの精神によるマネジメント」の意味である。後者のホスピタリティの精神によってマネジメントを行うホスピタリティ・マネジメントを研究するのであれば，経営資源のヒトに焦点を当てることになる。ヒトとなれば，組織メンバーや取引先など，すべてのステークホルダーも想定できるが，主に顧客対応におけるホスピタリティ精神の実現に焦点があてられる。

　たとえば，山口・椎野（2018）によると，ホスピタリティ・マネジメントとは，ホスピタリティを持つ人材によって提供される高品質のサービスが生産される過程についての経営と管理を対象としているという。この考え方に基づけば，どの産業であってもホスピタリティ・マネジメントは必要であり，その場合には，サービス業はもちろんのこと，製造業，病院や学校においても，必要なマネジメントであるといえる。

　蓬台（2011）は建設会社の社長であるが，そこでのサービスで参考にしているのは，ディズニーリゾートやリッツ・カールトン・ホテルであるという。彼は，もてなしとホスピタリティを切り分けてはいないが，経営とは，顧客，社員とその家族，取引先や協力してもらうすべての人たちへ愛情を注ぐおもてなしをすることである考えている。彼の考え方では，CS（顧客満足）とES（従業員満足）が不可分である。さらに，中根（2013）は，ホスピタリティ経営の事例として，岐阜県中津川市の伊那食品工業を紹介している。同社では，「相手のためになることでお互いが楽しむ」というホスピタリティ・コミュニケーションを最終ゴールとしており，これが職場を活性化するベースであるとしている。すなわち，マネジメントの中核を従業員同士のホスピタリティ発揮におき，より重視するのはESであり，ESを高めることが結果としてCSを高めていると思われる。

　CSとESについては後述するが，ここで本書のスタンスを明らかにしておこう。本書で展開する議論や事例については，前者の「ホスピタリティを扱う産業」のひとつであるホテル業界を対象にし，後者の「ホスピタリティ精神による組織メンバーの行動」を対象にする。その上で，ホテル業界のスタッフのホスピタリティの実践と，ホテル利用客とスタッフ間およびスタッフ間の社会

的相互作用で生まれるホスピタリティ発揮について考えてみたい。

第2節　ホテルスタッフのサービスとホスピタリティ

　前章の図 1-2 では，ホスピタリティともてなし，およびサービスの概念を整理した。諸研究を渉猟したところ，ホスピタリティともてなしの境界はあいまいであっても，ホスピタリティとサービスはやはり明確に異なる概念であるとの主張が多い。

　ここでは，サービスとホスピタリティとの間にどのような違いがあり，どのような関係があるのかを既存の研究成果を援用しつつ明らかにしていこう。

　語源からも明らかなように，サービスの概念は支配・従属の関係があり，主人の意志が最優先され，従者は上下関係で奉仕することがベースになっている。現代では，サービスは有料化され，サービス・チャージという形で金銭的に換算される。サービス提供は経済的価値の観点からは等価価値交換とみなされるため，支払った分だけのニーズにこたえてくれたかという，「良い」か「悪い」の判断がなされる。

　他方，ホスピタリティの概念は，対等な立場による互いへの献身と歓待がベースになっているため，金銭的価値を超えた付加的な価値としてとらえることができる。サービス提供によるニーズ充足は当たり前で，それ以上の期待にこたえる，あるいは意外性から得た喜びや感動がある（服部，2008）。ホテルの現場におけるホスピタリティの実践は，当然のことながらサービス提供を内包しているので，ホスピタリティはサービスの上位概念であり，「サービス無くしてホスピタリティは存在しない」ともいえる。

　下記は，それぞれの論者がサービスとホスピタリティの違いについて述べたものである。

・サービスとは，画一化・同質化された態度でマニュアル化できるが，ホスピタリティは，相手の個別的なニーズに基づいたもので，その都度異なる

対応が必要（鄭，2011）。

・サービスは有償の提供物であり，一方的一時的な関係であるが，ホスピタリティは無償の提供物であり，双方向である（中根，2013）。

・サービスは，マーケティングにおける代行機能の提供で，その提供に対価が支払われるが，ホスピタリティは儲けのためのマーケティングとは一線を画し，組織関係者が互いに喜びあう，感動の場の創造を行う，感動を分かちあうということ（吉原，2012）。

・サービスの期待レベルは，許容範囲内の満足，最低限度を満たしていればよいが，ホスピタリティの期待レベルは，客の許容満足範囲よりもはるかに高い（山上，2008）。

　ホスピタリティとサービスがまったく異質な相反するものであると主張する論者もいる。加藤・山本（2009）は『ホスピタリティの正体』でホスピタリティとサービスという相反するものをいかに互いに生かしていくかがホテルをはじめとする企業に求められているという。彼らはサービスとホスピタリティの相違を次のように表現している。

- サービスは社会的相互作用が 1 回切りで完結しても良いが，ホスピタリティは線や面で考えなくてはならない。すなわち，三十歳で宿泊した客が八十歳までホテルに対して支出する可能性があることを念頭において，果実をとることを考える必要がある。
- サービスは量で測れることが多いが，ホスピタリティは質を問う問題。すなわち，サービスは誰に対しても同じコトを提供するので，マニュアル化できるが，ホスピタリティは決してマニュアル化できない。相手が喜ぶものを相手に合わせていくものであり，利用客一人ひとりに合わせていくものである。
- サービスは，サービスを提供するほうが，下の立場にあるが，ホスピタリティはあくまで対等な立場における信頼関係が重要。
- サービスは PL（損益計算書）で考える。ホスピタリティは BS（貸借対照表）で考える。長期的に目に見えない資産でものごとを考える必要がある。

　加藤・山本（2009）の主張を敷衍しつつ，これまでの多くの議論からホテルでのホスピタリティに関して，さらに踏み込んだ 3 つの考え方を提示しておこう。

　一つめは，日本のホテルは，欧米のホテルではできないホスピタリティのあり方を提示できる可能性がある。日本の旅館で連綿と行われてきたもてなしは，サービスの延長上で考えられている外資系ホテルのホスピタリティよりも多様できめ細かく，日本の伝統文化も踏まえた接客態度を生み出すことが可能である。

　また，ホテルでの特定の仕事のポストが空いたら，その能力に見合った人をあてがう個人の能力頼みのキャリアシステムと違って，日本的なキャリアディベロップメントでは，ベルマンからスタートしてフロントに入り，営業企画を担当するなどさまざまな仕事を経験して，ホテル全体を俯瞰できるようになってから，ホテルの支配人へと登り詰めていく。そのプロセスで培われていく総合的な力は，相手に合わせてものごとを創造していくホスピタリティの発揮に不可欠であろう。

　二つめは，ホテルスタッフの育成に関して，基本的な接客の在り方やサービスを習得することと，ホスピタリティを発揮できるようになることは，育成手法がかなり異なることを意識する必要がある。サービス提供はマニュアル化できると先述したように，マニュアルを学習し，実際に試してみることで，ある程度習得することができる。もちろん，クオリティの高いサービス技術を体得するためには，長期間にわたる経験と客観的なフィードバックによる評価を受け続け改善する必要があることは言うまでもない。

　しかし，ホスピタリティは膨大なケーススタディを積み重ねていくしかない。「その場面でどう思考し，どう判断したか。どのような結果になったか」を徹底的に討議，分析して，得られた教訓を自他にフィードバックする必要がある。サービスは，正確性や良し悪しで判断されるが，ホスピタリティは多少の欠点があっても，相手にその思いが伝わることが重要である。したがって，ホスピタリティを実践する主体の人間性が問われるのであり，ゲストや一緒に働く周りの人々への感謝の気持ちや，相手の喜びや悲しみを自分の喜びや悲しみとして感じられる共感力が大切になってくる。

　三つめは，クレーム対応に関する捉え方である。日本には間柄の文化があり，日本人は自分中心にものごとを考えず，個を生きるのではなく，他者との間柄を生きる（榎本，2017）。間柄の文化のなかでは，自己主張を適度に抑え，相手を尊重しようという姿勢が争いごとの少ない調和的な社会を生み出しており，その姿勢はもてなしの精神にもつながっている。間柄の文化では，「お互い様」の精神でバランスをとっていた「気遣い」と「感謝」が過剰なお客様扱い，いわゆるアメリカから輸入された概念である CS 向上という組織からの誤ったプレッシャーでバランスを崩してしまうことがある。

　もてなしの精神から，顧客の要望に即座に断れない，自分の感情が傷つけられているのに，相手の感情を斟酌しなければならないという不均衡は，かなりストレスの高い感情労働の場となることもある。接客業においてよく聞かれる「感動至上主義」はときに，顧客の過剰なわがままに過剰に対応せざるを得ない状況にホテルスタッフを追い込む可能性もある。

　サービスの概念から考えれば，ホテル利用客の一方的で理不尽な要求を丁寧な謝罪やお詫びの追加サービスによって対応することが適切であるが，ホスピタリティの概念からは，ホテル利用客からの理不尽な要求を毅然とした態度で対応することがむしろ適切である。リッツ・カールトン・ホテルが掲げる「紳士淑女をおもてなしする我々もまた紳士淑女です。」は，ホテルスタッフのプライドと気概が感じられる好例であろう（富田，2017）。

第3節　CS（顧客満足）をもたらすスタッフのES（従業員満足）

　CS を高めれば，収益が高まるという方程式には疑問の余地はない。ではどのようにすれば CS を高めることができるのか，それも組織的に高めることができるのかという問題は長くマーケティング分野における重要な課題であった。そこに一石を投じたのが，ヘスケットら（1994）である。彼らは，CS を高めるためには，ES を高める必要があることを指摘し，顧客の中でもロイヤルティの高い顧客を増やすことが飛躍的に収益を伸ばすことを明らかにした。その後,「サービス・プロフィット・チェーン」や「バリュー・プロフィット・チェーン」の概念を展開し,具体的に企業の経営理念の浸透や経営者の理念主導型リーダーシップに基づく従業員へのエンパワーメント（権限付与）に成功したサウスウエスト航空やウォルマートなどの事例が数多く紹介されている（Heskett et al.,1994; 1997; 2003）。

　彼らは，マーケティング論と経営組織論や組織行動論の研究成果とが不可分であることも同時に明らかにしたと言えよう。すなわち，ES（従業員満足）をどのように実現するのかに関して，企業が真剣に，ヘスケットらの言葉を借りるのであれば，「最優先事項」として取り組むことができなければ，CS による収益向上もまた望めないのである[1]。

1）　厚生労働省（2015）の調査によると，「ES と CS の両方を重視する企業」の方が，「CS のみを重視する企業」よりも売上営業利益率と売上高のどちらも 10 年前と比較して増加傾向にあることが分かった。さらに人材確保面でも「ES と CS の両方を重視する企業」では，過去 5 年間をみると人材確保ができている割合が高い。

ES については，かつてハーズバーグが興味深い事実を突き止めた。彼は，最初 200 人へのインタビュー調査から始め，何がモチベーションを高めているかを調べた。これまで職務満足と職務不満足は同一直線上にあると考えられ，職務満足の対極が職務不満足であるとされてきた。しかし，彼は膨大なデータから，職務満足を発生させる要因（動機づけ要因：Motivators）と職務不満足を発生させる要因（衛生要因：Hygiene factors）が別であることを明らかにしたのである（Herzberg, 1966）。

衛生要因とは，会社の政策，給料，地位，管理・監督方式，同僚との人間関係，上司や部下との関係，物理的な作業条件に相当するもので，職務における不満足を高めやすい。他方，動機づけ要因とは，達成感，業績に対する承認，昇進，仕事そのもの，仕事上の責任，人間的成長であり，仕事の本質に近く，組織の高い目標達成への動機づけにつながり，職務満足を確実に高める要因である。

この理論で興味深いのは，衛生要因における不満足をどれほど解消したとしても，職務への高い動機づけにはつながらないことである。また，衛生要因の不満足が大きい状態を放置したままでは，動機づけ要因は発動しない。衛生要因の不満をある程度抑えた上で，動機づけ要因を高める必要がある。

組織は，衛生要因の不満をなるべく解消する努力をすると同時に，動機づけ要因によって，従業員を組織目標の達成に向かってやる気を引き出す必要がある。その場合，どのような報酬を与えるのが良いのであろうか。報酬も 2 種類に大別して語られることが多い。ひとつは，外的報酬であり，外部から得られる報酬である。たとえば，給与や賞与などの金銭的報酬や地位や名誉といった承認欲求を満たす非物質的な報酬があげられる。もうひとつは，内的報酬であり，仕事そのものから得られる報酬であり，自己効力感と自己決定の欲求に動機づけられることであるという。外的報酬も内的報酬も職務における満足感を高めることは間違いないが，長期間に亘って，自己研鑽や自己成長への努力が期待されるのは，やはり内的報酬である。ハーズバーグの動機づけ要因のなかには，外的報酬にあたる承認や昇進と内的報酬にあたる達成感や仕事そのものといった要因が混在していることに注意すべきであろう。もちろん衛生要因に

関する満足感を無視するわけにはいかないが，動機づけ要因に基づく満足感が得られる職場環境を作ること，さらに内的報酬が得られやすい仕事内容にすることが重要なのは先行研究から明らかである。

　ハックマンとオルダムは組織メンバーを内発的に動機づける職務設計のあり方を紹介している。仕事の特性をスキルの多様性，タスク・アイデンティティ，有意味性，自律性とフィードバックに分け，それぞれが従業員の特定の心理状態を呼び起こし，仕事の成果となって現れる。なかでもスキルの多様性，タスク・アイデンティティ，有意味性は，自らの仕事の有意味感を喚起し，自律性は責任を，フィードバックは仕事の把握感という心理状態を生み出す。これらが相まって，内発的な動機づけや職務満足感を大きくし，欠勤や離転職を少なくして，組織に成果をもたらすのである（Hackman & Oldham, 1975）。

図 2-1　組織メンバーへの仕事の影響

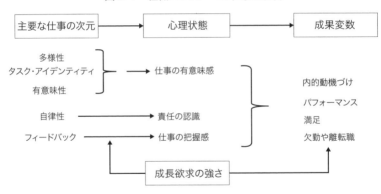

出所：田尾（1987）より修正

　彼らは，仕事の特性を動機づけや職務満足の可能性（Motivating Potential Scale）として以下の式にまとめた。田尾（1999）は，様々な批判や改訂を受けてはいるがいまだに理論的にも実際的にも最も優勢なモデルであると述べている。

図2-2　Motivational Potential Score（MPS）

$$
\text{職務満足の可能性} = \frac{\text{V 仕事の多様性} + \text{I タスク・アイデンティティ} + \text{S 仕事の有意味性}}{3（平均化）} \times \text{A 自律性} \times \text{F フィードバック}
$$

出所：Hackman and Oldham（1980）

　この式から明確に読み取れるのは，仕事内容がいくら魅力的であったとしても，自律性とフィードバックがゼロであれば，職務満足の可能性がゼロになってしまうということである。自律性とは，責任を与えられ任せてもらえることによる自由裁量の余地であり，フィードバックとは，上司や同僚，あるいは顧客から得られる評価であり，自らの能力を客観的に把握できることである。

　CS をもたらす ES の鍵となるのは，組織から与えられる自由裁量の余地での自己決定と，自らのスキル向上と自身の成長が，上司や同僚に励まされ承認されることによるフィードバックである。組織から自由裁量の余地を与えられることは，ヘスケットらが提唱したエンパワーメントに他ならない。また，企業側の責務として，従業員が自らの能力を向上・強化する機会を継続して提供することも必要であろう[2]。

　さらに個々の従業員が自律性を発揮して行動するためには，心の拠り所が必要となる。それが，企業の経営理念であり，職場における行動に落とし込めるクレド（企業活動が拠り所とする価値観・行動規範を簡潔に表した言葉）であるといえよう。ホテルにおけるスタッフのホスピタリティ発揮は，CS を実現する ES の仕組みを整えることと，従業員自身の経験の積み重ねによる自己研鑽，自己成長によって磨きがかかる。

2）Heskett ら（1994）は，新たなサービス経済においては，市場に日常的に接するフロントラインの担当者と顧客を経営の要にする企業が伸びていると主張し，従業員の離職は単なる採用や訓練コストの問題ではなく，フロントラインの生産性低下と顧客満足の低下をもたらすという。辞めていったひとりの優秀なホテルスタッフが顧客と築き上げた関係を再び構築するには何年もかかるため，離職率を下げ，損失を減らす必要がある。

第3章　ホスピタリティ発揮の行動論的 フレームワーク

第1節　ホッとする経験とハッとする経験

　ホスピタリティそのものの研究を深めていくことはすでにわが国にはホスピ タリティ・マネジメント学会などでの活動があり，重要な研究テーマとなって いる。本章は，そういった研究内容を参考にしながら，組織における人間行動 としてのホテルスタッフのホスピタリティ発揮をホテルスタッフとホテル利用 客の社会的相互作用の観点から考えてみたい。

　ホテルスタッフが利用客に高い満足感を生み出すためには，利用客がホテルの サービスやホスピタリティを感じられる場に注目する必要がある。そのような 場はコンタクト，エンカウンターやタッチポイントと呼ばれるが，佐藤 (2000) は， 提供するサービスのクオリティの印象を形成する決定的瞬間と定義される MOT (Moment of Truth) を紹介し，一連のサービスやホスピタリティに関し，たった 一か所でもスタッフが不適切な対応をすると，これまで抱いていた良い印象が すべて帳消しになることもあれば，適切な対応によって，利用客がそれまで抱 いていた悪い印象をすべて取り消すチャンスにもなるという。MOT とは，スカ ンジナビア航空のヤン・カールソンの著書がきっかけで世に知られるようになっ た言葉で，ほんの 15 秒という短時間であっても利用客に対する態度が，企業の 命運を左右するという (Carlson and Lagerstroem,1985)。

　ホテルのサービスやホスピタリティ発揮に関して,加藤・山本 (2009) は, ザ・ ウィンザーホテル洞爺の窪山社長の言葉を紹介している。それが，「ホッとす るもの」と「ハッとするもの」という考え方である。「ホッとするもの」とは

相手の領域であり，「ハッとするもの」とは新たな領域であり，両方必要であるが，ハッとしてホッとする「真の日常」をプライベートに提供することが高級ホテルの役割であり，後に紹介するリゾートトラストグループの会員制ホテルにも該当する考え方であろう。

さらに説明を加えるとすれば，ホテル利用客をホッとさせる経験とは，「安心できること」「リラックスできること」「見慣れた景色があること」「親近感を覚えること」などであり，ハッとさせる経験とは，「驚くこと」「新たに気づくこと」「感動すること」「意外な景色が見られること」である。

ホテルスタッフに求められている「ホッとする経験」と「ハッとする経験」の創出に関して，組織行動論の視点から解釈すれば，それは正に「安定性の発揮」と「柔軟性の発揮」であるといえる。ホテルにおける「安定性の発揮」とは，ホテルに到着してから出立するまでの滞在時間中に提供される質の高いサービスである。敷地や建物の入り口から始まる歓待から，フロントでのチェックイン，客室への案内，室内設備の説明や館内案内，レストランでの食事の際のサービス，館内設備を利用する際に受けるサービス，チェックアウトの手続きが，快適に感じられることである。説明不足や失礼な態度，料理のレベルの低さなどはあってはならないことである。

ホテルにおいて高い CS をもたらす経験は，もちろんホテルスタッフの行動だけではない。一般的にホテルは，ハードウェア（建物，設備など），ソフトウェア（料理，アメニティなど），ヒューマンウェア（スタッフ）という3種類の付加価値を提供する。利用客は最初，ハードウェアに驚き，感心するが，繰り返し利用するうちに，ソフトウェアから最後には，ヒューマンウェアへと価値を見出すポイントが変わっていく（加藤・山本，2009）。ヒューマンウェアすなわちホテルスタッフが生み出す質の高いサービスの提供が「安定性の発揮」には非常に重要である。

他方，「柔軟性の発揮」とは，事前に正解が分からない問題に取り組むことであり，ホテル利用客にとって何が「ハッとする経験」になるのか，について多くの知識と経験が必要になる。後述する定型的（ルーティン）なサービス提

供と異なり，主に非定型的（ノン・ルーティン）な行動が要求される。ここで
ホスピタリティ発揮の余地が大きくなる。

第2節　相反する行為の実現

　著名な組織論者であるワイク（1969）は，組織における根本的なジレンマは，
安定性と柔軟性とのトレードオフ関係であるという。組織は，安定性と柔軟性
のバランスを維持してこそ存続しうるが，それはかなり難しい。安定性は，規
則的な動きであり，経済的である。組織に記憶と反復能力があれば，その規則
性が活用できる。しかし慢性的に安定性を発揮するのは逆機能的である。その
ためにより経済的で効果的な方法が見いだせなくなり，周りの環境への解釈が
硬直する可能性がある。他方，柔軟性は，現行のやり方を修正でき，新たな試
みを生み出すことができる。しかし，完全な柔軟性は継続性の保持を妨げ，組
織のアイデンティティを破壊する可能性を持っている。

　安定性と柔軟性にどのように折り合いをつけるかについては，ワイクは次の
3つを指摘している。ひとつは，足して2で割る折衷法，もうひとつは，安定
性と柔軟性を交互に発揮する方法，3つ目はシステムのある部分で柔軟性，他
の部分で安定性を発揮する方法である。後二者が良い方法である。さらに言え
ば，安定性と柔軟性を交互に発揮するのは，経時的な方法，ある部分で柔軟性，
他の部分で安定性を発揮する方法は，共時的な方法であると言えるであろう。

　この組織存続のためのセオリーは，絶えず質の高いサービス提供とホスピタ
リティを発揮することを求められるホテルのマネジメントに援用可能であり，
その視点からあらためて「ホッとする経験」である安定性の発揮と「ハッとす
る経験」である柔軟性の発揮を考察する必要があろう。

　マーチとサイモン（1958）は，プログラム化（定型化）された行動の束であるルー
ティンとプログラム化されない（非定型）行動であるノン・ルーティンを区別し，
すべてではないが，ルーティンの一部を形式化して，マニュアルにすることが
可能であるという。ルーティンとは，「一定の刺激を受容して活動を始めさせる

条件（開始条件）と，想定されたパフォーマンスを生み出すことで活動を終了させる条件（終結条件）の双方を含む，事前（行為遂行以前）に設定された半自動的プログラム」と一般的に定義される。ルーティンが個人や集団に埋め込まれることによって，状況に応じてプログラム化された行動が具体化され反復的に活用されるようになり，時間や空間を超えて保持される可能性が高い。

　さらにルーティンはその状況の文脈，すなわちコンテキストに制約されるので，コンテキストが異なるとルーティンが通用しない。したがって，ルーティンを持てば持つほど，人間の創造性や思考力を奪い去る可能性もあり，組織が柔軟でなくなるという恐れもある（吉田，2004）。

　たとえば，ホテルにおけるベルデスクを担当するスタッフにはルーティン化された業務と，そうでない業務がある。通常の手荷物等の扱いであれば慣れているため，効率的な動きが可能であるが，貴重で繊細な楽器等が持ち込まれた場合には，その都度扱い方に関して所有者にたずねたり，他のスタッフの力を借りて慎重に時間をかけて行動することが必要になる。どこまでがルーティンでどこからがノン・ルーティンであるかは，人によって異なる。最初はノン・ルーティンとして経験したことであっても，何度も同様の経験をすることで，ルーティン化された行動に組み込まれていくであろう。

　料飲部門における料理やドリンクの提供も同様である。サービス・マニュアルを学習したり，研修を受けたり，数多くあげられているサービス手順のインターネット動画などから学ぶことで，ホテル利用客に失礼のない振る舞いで，料理を提供することは可能である。しかし，高級ホテルであれば，料理長から食材や調理法などを勉強することで，利用客が目の前にある料理の付加価値をより感じられるような有用な情報提供ができることが望ましい。また，ホテル利用客との会話を通じて，相手の情報を得ることで，より良い追加サービスにつなげることなども含めて，多様な行動の束としてのルーティンを個人だけでなく，組織全体で保持する必要がある。さらに，ノン・ルーティンにあたる何か思いがけない失態が生じたときのすばやい対応や，ホテル利用客を感動させる演出も時宜に応じて実施できれば利用客のロイヤルティは確実に高まるであろう。

　ルーティンとノン・ルーティンに関する概念と前章までに紹介してきたサービスとホスピタリティの概念について，ここで整理しておきたい。誰に対しても同一に提供できるのがサービスであるため，サービスはルーティン化された行動と親和性が高い。もちろん，高級ホテルならではのサービスも，よりハイレベルであるということを除いては，プログラム化されたルーティンの部分が大きい。他方，ホスピタリティの発揮はノン・ルーティンの割合が大きい。先述したように，ホスピタリティは相手の個別的なニーズに基づいたものであり，その都度異なる対応が必要になるからである。加藤・山本(2009)が言うように，ホスピタリティとは，「相手の状態に合わせて」ものごとを「創造していく」ことにあって，その内容は事前に明示できるものではない。

　あらためて「ホッとする経験」である安定性の発揮と「ハッとする経験」である柔軟性の発揮という相反する行為を実現する方法について検討してみよう。ワイクは，安定性と柔軟性を交互に発揮する方法（経時的な解決方法）とシステムのある部分で柔軟性，他の部分で安定性を発揮する方法（共時的な解決方法）の２つを推奨している。

　高級ホテルにおいて，経時的な解決方法は，たとえばリピーターであるホテル利用客に対して，記念日に普段とは異なるサービスを提供する，それも利用

客に関する情報から，そのスタッフにしかできないホスピタリティを発揮して感動させることや，普段利用しているレストランであっても，イベント企画などで，印象的な思い出をプロデュースすることで，ホテル利用客にとって「ホッとする経験」がメインの滞在と，「ハッとする経験」がメインとなる滞在が交互に実現することが一例となろう。

　他方，共時的な解決方法とは，普段と変わらないスタッフの出迎えや快適な客室ではあるが，ロビーなどでその季節ならではの行事が開催されていたり，施設周辺の散歩を薦めることで，滞在中に「ホッとする経験」ができる場所と「ハッとする経験」ができる場所が異なるように工夫することが可能である。

　もちろん経時的な解決方法と共時的な解決方法を組み合わせることでより利用客の満足感を高めることもできる。しかし，そういった行動をホテルにおいて実現するためには，スタッフ自身のクオリティの高いサービス提供に加え，利用客が滞在してくれたことに対する感謝の気持ちを表したいという誠意があり，そのうえで，利用客の好みや価値観に配慮したホスピタリティを発揮する必要があろう。

　何がホテル利用客にとって，「ホッとする経験」となり，何をすれば「ハッとする経験」になるのかは，ある程度までは一般化できるが，基本的に人によって異なる。スタッフは経験を積んで学んでいくしかないが，経験の浅いスタッフであっても可能なサービスやホスピタリティの発揮があり，経験を積むにつれて，実行可能な選択肢が増え，ホテルスタッフとしてより洗練された動作とともに，個々の利用客に適したパーソナルなサービス提供やホスピタリティの発揮が可能になる。

　リゾートトラストグループの会員制ホテルは，会員権を購入してホテルを利用し始めてから，長い期間，多くのホテルスタッフとの社会的相互作用を続けることになる。会員は1度限りの利用客ではないため，関係性を良好に維持し続けることで何十年もの間，企業の収益に貢献し，ホテルスタッフとの温かい信頼関係を築き，ときに厳しい苦言を呈してくれる。

第3節　コンテキストに合わせたホスピタリティの発揮

　ホテルスタッフのサービス提供やホスピタリティ発揮に関して，経営組織論の概念を援用して，安定性と柔軟性の双方の発揮，ルーティン化された行動とノン・ルーティンな行動を紹介してきたが，この節では，もう一つの概念を提示したい。それが，コンテキスト（状況の文脈）である。

　この概念は，異文化理解を代表とする互いの文化的宗教的背景が異なり，価値観にも隔たりのある際のコミュニケーションのあり方を考えるために不可欠である。古田（1996）は，コンテキストとは，コミュニケーションが起こる物理的，社会的，心理的，時間的な環境すべてを指し，コミュニケーションの形式と内容に大きなインパクトを与えるものである，という。コンテキストの構成要素には，非言語コード，物理的，社会的，心理的環境，それにコミュニケーションをとるパーソナルな人間関係といったものが含まれ，これらが言語コードを強調・補強し，そのメッセージを完全にして，コミュニケーション全体の意味を決定する。

　コンテキストの概念を最初に提示したホール（1976）の理論によれば，状

図3-1　コンテキストと情報の関係

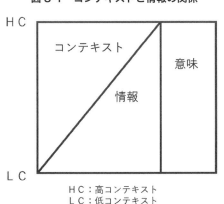

HC：高コンテキスト
LC：低コンテキスト

出所：ホール（1976）

況は，高コンテキストと低コンテキストに大別できる。デジタルに分けられるわけではなく，より高いあるいはより低いコンテキストという変化であり，コンテキストはスペクトラム上に位置付けられる。

高コンテキストの状況では，情報が広くメンバー間で共有され，単純なメッセージでも深い意味を持ちうるような状況である。対照的に低コンテキストな状況では，メンバー間で共有される前提が限定されているために，コミュニケーションで個人は明確なメッセージを構築して，自らの意図を他者に押し出す必要がある。ここでは，コンテキストに頼らない言語コードを駆使する必要がある。

高コンテキストな状況として，小林ら（2014）は，高級握り寿司店の例をあげている。メニューも値段表もなく，「お飲み物何にしましょう？」（寿司屋）「調子どう？」（利用者）といった言葉は厳密な意味を追求しないことでその場の秩序が成立する。高コンテキストなサービスでは，言語化もされず，記憶もされず，双方が相当に高度なリテラシーを持つ必要があり，そこでのしきたりを知らないものが参加すると，居心地が悪く，不安な気持ちになることもある。対照的に，低コンテキストである回転寿司店であれば，すべてが言語化されており，最近ではタブレットを操作すれば，自分の欲しいネタをすぐに選ぶことができ，清算も自動でされているので，今現在，自分の代金がいくらであるかも瞬時にわかるようになっている。

低コンテキスト文化の国では，発生された言語・非言語のなかに多くの意味が含まれているが，高コンテキスト文化の国では，意味情報の大半がコンテキストに含まれており，言語的なメッセージだけでその意味を十分くみ取ることが難しい（林・福島，2003）。メイヤー（2014）によると，日本は，研究対象になった国々の中でももっとも高コンテキスト文化に位置付けられる。逆にもっとも低コンテキスト文化に位置付けられるのがアメリカである。もともと高コンテキストの文化で暮らしている日本人が外国人との正確で適切なコミュニケーションをとるのに苦労したことは想像に難くない。

もちろん，日本人であっても，世代の相違や教育環境の相違，価値観の相違

によって，コンテキストモードは異なっているため，先ほど紹介した高級握り寿司店と回転寿司店の違いのようにその場における言語コードに頼るレベルは異なってくる[1)]。

　ホテル業界においてもその差は広がっており，回転寿司店のように，ほぼ自動化されたセルフ・サービスで接客のほとんどが行われ，人間同士の社会的相互作用がなくても，宿泊できる低コンテキストの一般ホテルもあれば，本書でとりあげるリゾートトラストグループの会員制ホテルのように，個々の会員に営業担当者がつくこともあり，会員と顔なじみのホテルスタッフが出迎え，楽しく洗練された会話を楽しむことができる高コンテキストがメインの高級ホテルもある。

　低コンテキストでスタッフとの接点がほとんどないホテルにおいては，誰でも均一なサービスは受けられるが，特別なホスピタリティを感じられることはまずない。ただし，料金もリーズナブルであるため，利用客が不満を感じることは少ない。逆に高コンテキストで，ホテル滞在のあらゆる場面で，多くのスタッフと接することになる高級ホテルでは，サービス提供とホスピタリティの発揮が，一人ひとりの利用客のために行われる。当然，料金は高く，利用客は同レベルの数多くのホテルに宿泊する経験が豊富なため，特にサービス提供において，高級ホテルならではのハイレベルな扱いを受けられないと，それは即不満につながる。

　ホスピタリティの発揮は，高コンテキストな状況での社会的相互作用，すなわちスタッフと利用客との言語的および非言語的コミュニケーションの場面でさらに有効である。ホテル利用客が，自分のことを分かってここまでしてくれているという満足感を得ることができれば，唯一無二の印象を与えることができるからである。しかし，利用客の要求は多様であるため，ホテルスタッフ

---

1) 小林ら（2014）は，高コンテキストな日本のおもてなしを「慮り型の価値共創」と表現している。たとえば，京都などの老舗料亭では，仲居が客の様子から暗黙的な意図を汲み取ったり，季節や庭の話題から緊張を和らげる。客は料理のみならず，自然と庭や掛け軸の細部まで目が行き届き，サービスの深い価値を認識できる。サービス提供者が客の心理状態や体験といった暗黙的な情報を汲み取ることで，客のサービスに対する受容感度を高めることもできる。

は，相手のコンテキストモードに合わせた臨機応変な対応が求められるであろう[2]。

第4節　本章のまとめ —事例研究に向けて—

本章の内容は下図にようにまとめられる。

図 3-2　本章の流れ

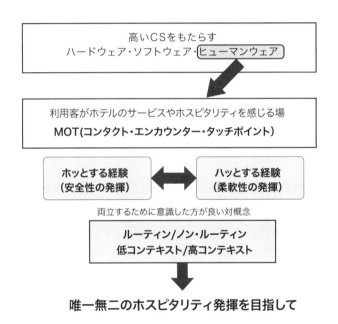

2）中根（2013）は，ホスピタリティに関するコミュニケーションには，相手のコンテキストを「知って読む」と「感じて読む」の2つの受信方式があるという。相手の性別，年齢，所属など，属性判断の客観的データを把握して，相手の望むことを読むことが「知って読む」ことであり，声のトーンや表情，会話の流れから相手が期待することを読むことが「感じて読む」ことである。豊富な知識と経験を持つホテルスタッフであれば，ホスピタリティ・コミュニケーションを高いレベルで実現できる可能性が高まる。ただし，福島・村上（2008）は，ホスピタリティの有無を判定し評価する権利は，常に利用客側にあるとしている。

　高級ホテルにおいてホテル利用客に高い満足をもたらすのは，ハードウェア・ソフトウェア・ヒューマンウエアであるが，本書ではヒューマンウェアに焦点を当てている。さらに，利用客が，ヒューマンウェアであるホテルスタッフのサービスやホスピタリティを感じる場は，コンタクトやエンカウンター，タッチポイントと呼ばれる。本書では，ホテル利用客にとって決定的な瞬間であるヤン・カールソンの唱える「真実の瞬間」として有名なMOT（Moment of Truth）の言葉を使いたい。

　やはり，利用客にとっては，居心地よく自分らしく過ごせる「ホッとする経験」とこの場所でなければ知らなかったこと，経験できなかったことなど感情を動かされる「ハッとする経験」の双方，一見すると相矛盾する体験が，満足感を高め，顧客ロイヤルティを生み出すのではないかと思われる。

　「ホッとする経験」が安定性の発揮であるなら，「ハッとする経験」は柔軟性の発揮であり，サービス提供とホスピタリティ発揮によって実現する。しかし，初めて滞在する利用客もいれば，何十年来のリピーターである利用客もいるため，当然異なる対応が必要となる。それは，高コンテキストか低コンテキストかの状況判断であり，ホテル利用客がスタッフとの阿吽の呼吸を持っているような高コンテキストな状況であるほど，利用客へのホスピタリティの発揮はありきたりなものではなく，定型化できないノン・ルーティンな行為が必要になるであろう。

　本章では，マニュアル化でき，比較的容易に習得できるルーティンな行為であるサービス提供と事前に予測できない対応が迫られるノン・ルーティンな行為に分け，サービス提供はルーティンな行為の割合が高いのに対して，ホスピタリティ発揮が定型化できないノン・ルーティンの行為の割合が高いことを図3-3で示している。さらに，リピーターの利用客に対しては，言語化しにくい高コンテキストな状況でのホスピタリティの発揮こそ，相手に感動を呼び起こす可能性が高い。クレーム対応やホテル利用客にとって特別な日を彩る企画であるほど，ノン・ルーティンな行為の割合が高くなり，ホスピタリティ発揮の余地が大きくなることを模式的に示している。

図 3-3　概念間の関係性

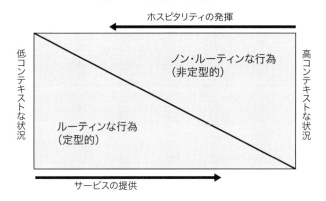

ホテル利用客のコンテキストモードに合わせ,「ホッとする経験」と「ハッとする経験」の双方で満足してもらうためには,スタッフにかなり高いスキルと豊富な経験の蓄積が求められることは想像に難くない。しかし,全員がそのレベルに達しているホテルもまたほとんどあり得なさそうである。そこで,ホテルスタッフの成長に合わせて,安定性と柔軟性の発揮,ルーティンとノン・ルーティンの行為による「ホッとする経験」と「ハッとする経験」の提示,低コンテキストな状況と高コンテキストな状況におけるサービス提供とホスピタリティ発揮を図 3-4 のように整理してみたい。

初めてホテルスタッフとして勤務する場合には,サービスに関する研修を受け,OJT を通じて,ホテル利用客に失礼のないサービス提供のスキルを習得していく。①のルーティン(基本的なサービス)の部分である。自分自身もまだ経験が浅いことから,メモを多用し,どの利用客に対しても,きちんとした説明を加え,丁寧に案内することを心掛ける。まさに,失礼となる対応をなるべくなくし,安定したサービスを提供することに注力することになろう。

②のノン・ルーティン(ホスピタリティ・チャレンジ)では,基本的なサービスが身につき,少し余裕ができ,少しずつ利用客に合わせた柔軟性を発揮することに挑戦する時期である。たとえば,おしぼりを利用客に渡すことは,基本的なサービスであるが,利用客の状況や季節に合わせて,温かいおしぼ

図 3-4　サービス提供とホスピタリティ発揮の発展段階モデル

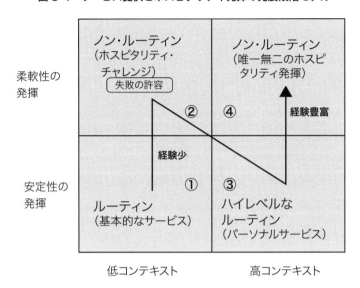

りを出したり，冷たいおしぼりを出したりすれば，それはホスピタリティの発揮となる。また，ホテル利用客に季節の話題や観光に関する情報提供など，きっかけを作って会話をすることによって，親しみを感じてもらったり，名前を覚えてもらう小さな挑戦を行うことも重要である。もちろん，会話が盛り上がらなかったり，かえって相手を不機嫌にさせてしまったり，失敗することも多いであろう。しかし，失敗経験から学ぶことが非常に重要な時期でもあるため，本人の振り返りとマネジャーらの失敗の許容の仕方が重要になる時期でもある。

　③のハイレベルなルーティンになると，サービス経験が豊かであるが故にパーソナルなサービスが可能となり，リピーターである利用客にかなり高い満足感を与えることができる。コース料理から利用客の苦手な食材を避け，好みのアルコールをわざわざ言葉で伝えなくても，事前に最適な飲料が準備してあるため，利用客にとっては究極の「ホッとする経験」となる。

　④のノン・ルーティン（唯一無二のホスピタリティ発揮）では，ホテル利用客

にとって，忘れがたい印象を残す滞在の演出が可能になる。利用客にとっての良い意味でも悪い意味でも特別な時間となる高コンテキストな状況においてホスピタリティを発揮する MOT である。たとえば自分でも忘れていた結婚記念日をスタッフが覚えていて，サプライズでお祝いをしてくれたときや，かつて何気なく発した言葉から，利用客の趣味を察して，趣味に関係する特別な演出を用意してくれたときなど，そのホテルにとって自分は特別に貴重な存在であると感じられれば，そのつながりは一生ものとなる可能性がある。

　逆にホテル滞在中に体調を崩し，夜中であっても誠意のあるケアを受け，病院にスタッフの車で送迎してもらった経験をした利用客にとっては，ホテルスタッフらはかけがえのない恩人である。

　ただし，こういったホスピタリティの発揮は，一人のスタッフではできることに限りがある。ホテルスタッフ間での連携や円滑なコミュニケーションが普段からできていることやサービス提供やホスピタリティ発揮に関する理念が共有されていることが重要であろう。ここまでの内容から，ホテルスタッフのホスピタリティ発揮の要件は 3 つにまとめられる。

- ・サービスのルーティンを徹底した（安定性の発揮）上でのノン・ルーティンの臨機応変な対応（柔軟性の発揮）ができる。
- ・低コンテキストな状況か高コンテキストな状況かを判断し，ホテル利用客に適した言動ができる。
- ・個々のスタッフのスキルを伸ばすだけでなく，部署やホテル全体を巻き込んだ組織的な能力発揮ができる。

　ここまでの章は，本書におけるホスピタリティの概念を語源や類似概念から整理し，ホスピタリティ・マネジメントについて，サービスとホスピタリティの概念を峻別し，CS（顧客満足）を実現する ES（従業員満足）の仕組みを整えることの重要性を明らかにした。さらに，ホテルでのホスピタリティ発揮を組織行動論の概念を援用して，新たな行動論的フレームワークである発展段階モデルを考案し，ホテルスタッフのレベルアッププロセスも含めて明示した。

　次章からは，リゾートトラストグループの会員制ホテルを事例として，ホスピタリティ・マネジメントの実際やホテルスタッフのホスピタリティ発揮の実話を紹介しつつ，本書で提示した行動論的フレームワークから解釈を加えていきたい。

第4章　リゾートトラストグループのホスピタリティ

第1節　リゾートトラストグループの沿革

　国内会員制リゾートクラブ業界において 29 年連続で売上高 No.1 を維持しているリゾートトラスト[1] は，1973 年 4 月宝塚エンタープライズ（株）として，現リゾートトラスト代表ファウンダーの伊藤與朗と会長の伊藤勝康によって生まれた会社である。当時は，右肩上がりの高度成長期，日本が急速に豊かになっていった時代である。しかし，その当時の日本人の宿泊といえば，観光地と温泉を楽しむためにただ寝泊まりするだけの場所がほとんどであった。一方，世界の一流リゾート地には，素晴らしい滞在型リゾートホテルが人気を博していた。ファウンダーである伊藤與朗は，「いつか本物のリゾートホテルを日本に作りたい」という夢を抱き，世界の数々の一流ホテルに実際に宿泊して，その実現へ向けて着々と準備を進めた。

　1974 年には，会員制ホテル第 1 号となる『サンメンバーズひるがの』（岐阜県）を開業し，その後サンメンバーズ，リゾーピアの施設を増やし，会員数も順調に増加していた。しかし，オイルショックの時期と重なり，3 年間ほど資金繰りに非常に苦労した。それでも創業者らの「日本にはまだない会員制事業を定着させたい」という強い思いとそれを応援してくれる企業や金融機関のおかげで，最初の苦難の時期を乗り越えることができた。

　1986 年には，一層の飛躍を目指し，経営理念を掲げ，リゾートトラスト株式会社に社名変更を行い，いよいよ世界に通用するリゾートホテル作りに着手する。

1）出典：2020/11/11 日経 MJ「第 38 回サービス業総合調査」ランキングより

1987 年には，初めてタイムシェアリングシステムを導入した「エクシブ鳥羽」が開業，1988 年には「エクシブ伊豆」，1989 年には「エクシブ白浜」，1990 年には「エクシブ軽井沢」が次々にオープンする。エクシブとはローマ数字で 14 という意味で，1 部屋を 14 人のオーナーで占有し，年間 26 泊の宿泊保証がある当時としては画期的なシステムであった。

　エクシブが好評であったのは，東京，大阪，名古屋からドライブで 2, 3 時間圏内の立地の選定の良さ，建物ごとに個性のある洗練された豪華な施設，会員制ならではのサービスを受けられるステータスメリットがあったからである。

　バブル崩壊後の 2000 年からは，複合型総合リゾートであるグランドエクシブを手掛ける。クルーザークラブを併設した「グランドエクシブ初島クラブ」やゴルフ場が敷地内にある「グランドエクシブ鳴門」「グランドエクシブ浜名湖」が次々に開業し，ゴルフとスキーが楽しめる「グランドエクシブ那須白河」も 2005 年にオープンした。バブル崩壊で多くの企業が業績を低迷させ，自前での保養所の運営管理が困難になったため，リゾートトラストは多くの企業の法人会員を獲得することにも成功している。

　それぞれのホテルには，日本料理・フランス料理・中華料理などのレストランが常設され，「リゾート地での食事はまずい」というそれまでの通説を覆すような美食の殿堂としてのホテルレストランが次々に生まれて評判になり，会員にとっては，ホテルでの食事も滞在における大きな楽しみと喜びになっている。

　2006 年からは，伝統と現在を感じられるクラシックコンテンポラリーをテーマとした「エクシブ京都 八瀬離宮」を皮切りに離宮シリーズがスタートし，2010 年には「エクシブ箱根離宮」，2011 年には「エクシブ有馬離宮」が開業している。同時期の 2008 年には，リゾートトラストグループのフラッグシップとなる都市型完全会員制リゾート「東京ベイコート倶楽部 ホテル＆スパリゾート」が開業し，『都会の隠れ家』として著名人にも好評を得ている。ここで紹介した会員制ホテル，エクシブは，世界一流のリゾートホテルに引けを取らないよう日本のリゾート地での滞在をレベルアップすることに大いに貢献したといえよう。

　リゾートトラストグループは，会員制ホテルのほかに一般ホテルも運営してい

る。ホテルトラスティは，神戸や心斎橋（大阪），栄（名古屋），金沢香林坊などにあり，2019年には「ホテルトラスティ プレミア 熊本」と「ホテルトラスティ プレミア 日本橋浜町」が開業している。

　さらに，新規事業として急速に拡大しているメディカル事業もグループ全体の成長を支えている。1992年に子会社として設立した「(株) ハイメディック」では，会員に対し，全国9か所の高精度医療検診拠点と3つの医療相談室での検診や治療サポートを提供し，検診データに基づく総合的な健康サポートを行っている。1994年に開業した「ハイメディック山中湖」は，PET（ポジトロン断層撮影）によるがん検診を本格的に導入し，山中湖方式として，医学の発展にも寄与しており，ハイメディック事業のPET検査を含めた人間ドックの実績は世界最大規模となっている。

　また，メディカル事業とホテルレストラン事業のノウハウを基に，2006年からシニアライフ事業も展開し，介護付有料老人ホームとサービス付き高齢者向け住宅を着実に増やしつつある。

　リゾートトラストグループが取り組むCSR（企業の社会的責任）は特筆すべきことが数多くあるが，本書では2点のみ紹介したい。1点目は，ダイバーシティ経営にもつながる障がい者雇用において目覚ましい実績を積んできたことである。2013年には障がい者雇用における厚生労働大臣賞を受賞し，2014年には，当時の天皇皇后両陛下が，東京本社事務支援センターの視察に訪れている。2点目は，ESG経営やサステナビリティ活動に力を入れてきたことである。リゾート開発やゴルフ場開発は，自然に手を加えざるを得ない。そこで，環境を守るため，たとえばリゾートホテルの場合，敷地内の森林の状態を把握し，種類や大きさ，生育状態を確かめている。その後状態の良いものは移植し，伐採が必要な場合は可能な限り伐採した数以上の植林を行っている。ゴルフ場では，美しい芝を保つために農薬を使用することが不可避なため，たとえばグランディ浜名湖ゴルフクラブにおいては，ゴルフ場のクオリティを保ちつつ，隣接する浜名湖に影響がでない「クローズドシステム」と「堆肥化システム」を開発・導入している。

　リゾートトラストグループは事業をスタートして50年近く経ち，リゾートホ

テル事業だけでなく，多くの事業を多角的に展開しているが，常に順調に成長してきたわけではない。従業員の労働環境に関してもかなり厳しい時期があり，離職率が高かったときもあった。リーマンショック後の反省から，現在は職場環境も改善され，平均勤続年数が上昇しつつある。中途採用者に一流として知られるホテルからの転職者も多い。会員にリゾートホテル滞在やゴルフなどのレジャーだけでなく，医療，介護のサービスを提供する体制を整え，会員の一生涯に関わるホスピタリティを発揮する舞台がいよいよ出来上がったともいえるであろう。

第2節　リゾートトラストグループの事業概要と経営理念

　リゾートトラストグループは，2000 年 11 月に東京証券取引所および名古屋証券取引所で一部上場を果たしており，現在の主な事業領域は下記の4つである。

①ホテル会員権等販売事業

　会員制リゾートホテルの開発と各種会員権の販売及び会員フォローを行う。
②ホテル及び付帯施設等運営事業

　会員制ホテルを中心としたホテル・ゴルフ場等の運営，サービスの提供を行う。
③メディカル事業

　会員制総合メディカル倶楽部の運営や会員権販売を中心に，一般向け医療施設の運営支援事業やエイジングケア事業を行う。
④シニアライフ事業

　シニア層に向けたハイエンドの有料老人ホームや住宅施設の運営，介護サービスの提供を行う。

　現在，2018 年 4 月〜 2023 年 3 月までの中期経営計画「Connect 50」を推進している最中であり，上述の事業それぞれと本社における目標達成に邁進し，特に 2021 年 3 月期には新型コロナウイルス感染症対策にも注力している。

①ホテル会員権等販売事業の目標

　販売口数の増加，時間当たりの生産性の向上，インターナショナル会員権の販売（2019年発売）

②ホテル及び付帯施設等運営事業の目標

　生産性・収益性の飛躍的向上，カハラブランドグローバル展開，一般向け事業領域拡大

③メディカル事業および④シニアライフ事業の目標

　日本一の『総合メディカルソリューション』グループへ，シニアハイグレードマーケット No.1 を目指す

⑤本社および全社の目標

　ブランド認知の向上，お客様との接点充実，IT テクノロジーの活用（業務のデジタル化），労働環境（働き方改革の推進），教育体制の見直しから顧客満足の追求，ストック型収益基盤の再強化，新ブランド展開，一般マーケットにおける成長加速

　本書で研究対象としている会員制ホテルは，本部の管理の下で展開されており，ホテル＆リゾート本部の本部長である取締役と事業部長が運営の責任を負っている。ホスピタリティの発揮は，会員権販売においても，会員が快適に過ごす場を開発するリゾート施設開発においても非常に重要であるが，本書では，特にリゾートホテル等運営にあたるホテル＆リゾート本部における会員制ホテルのホスピタリティ実践に焦点をあてて考察する。

　ここでリゾートトラストグループの経営理念と会員制ホテルの運営を主たる事業とするホテル＆リゾート本部の「目指す姿」と「行動規範」を記しておこう。

リゾートトラストグループ経営理念

　私たちリゾートトラストグループは新天地開拓を企業精神として「信頼と挑戦」「ハイセンス・ハイクオリティ」「エクセレントホスピタリティ」を追求しお客様のしなやかな生き方に貢献します

ホテル＆リゾート本部「目指す姿」

　〜世界に誇れるディスティネーションホテル＊の実現〜
　誰もが憧れ，感動し，何度も訪れたくなる
　時を忘れる異空間を提供します。
　私たちは，会員制ホテル事業を通じて，パーソナルサービスと洗練された料理・空間を提供し，会員様に高い評価と信頼を得てまいりました。そして　〜Your pleasure is Our pleasure を基本精神として〜　一人ひとりの社員が「プライド」と「プロフェッショナリズム」をもち，優雅なおもてなしとお客様に寄り添った卓越したパーソナルサービスで「最高の感動体験」を提供し，会員制ホテル事業のさらなる進化，新たな一般ラグジュアリーホテル事業の成功と世界展開を目指し，世界に誇れるディスティネーションホテルを実現していきます。
　＊ディスティネーションホテル：旅行の目的がそのホテルの滞在であること

ホテル＆リゾート本部「行動規範」

　私たちが第一に考えるお客様とは，創業以来支え続けていただいている会員様と，旅の目的地として，これからも支えていただく会員様とゲストの皆さまです。
　◆お客様に対して，最高の感動体験を提供します。
　◆一緒に働く仲間に対して，理解を示し，感謝・尊敬の気持ちをもって常に行動します。

◆社会に対して，リーディングカンパニーに相応しい社会的責任を果たし，社会とともに発展します。

第3節　エクセレントホスピタリティの実践

リゾートトラストグループのホスピタリティの実践を知るには，3巻にわたる『リゾートトラストで本当にあった心温まる物語』[2] のストーリーが最適であろう。ここでは，6つのストーリーを紹介する。さらに次節では，第3章で提示したサービス提供やホスピタリティ発揮の特徴に基づいて各ストーリーに考察を加えていきたい。

竹の釣り竿（釣竿のストーリー）

高校卒業後，バンケット担当としてリゾートホテルAに配属になりました。当時は慣れない業務と毎日の忙しさに体力がついていかず，休憩時間に仮眠をとりながら何とかしのいでいました。

早いもので今年で4年目。今日まで続けてこられた理由は，「自分に対するお客様の期待を裏切れない」という思いに尽きます。そう考えるようになったのは，海に近いリゾートホテルAに来たばかりの頃，ひとりのお客様と出会ったことがきっかけでした。

その日，私は七夕の飾りに使うため，朝から本物の竹を取りに行っていました。お客様が願いごとを書いた短冊を吊るし，宴会場の入り口に飾っておく趣向だったのです。

頃合いの竹を見つけホテルに戻ると，ロビーでお困りの様子のお客様がいらっしゃいました。40代くらいの男性です。

「どうされましたか？」とお尋ねしたところ，

「海へ釣りに行こうと思ったんだけど，釣竿が壊れてしまって・・・」とのこ

2）『リゾートトラストで本当にあった心温まる物語』は，社内制作物であり，関係者のみが読むことができた冊子である。

とでした。

　この時，釣竿を購入できる店をご紹介できれば良かったのですが，当時まだ付近の街に詳しくなく，お教えすることができませんでした。

　とっさに口をついて出たのが，

「少しお待ちいただけるようでしたら，代わりになるものをお作りしますが」

という言葉でした。

　それを聞いたお客様は「え？」という表情でした。確かに，いきなり「代わりの釣竿を作りますよ」と言われたら驚くでしょうが，私は小さい頃からアウトドアが趣味の父に海や川，山などへよく連れて行ってもらい，一緒に焚火をおこしたり，木の枝で釣竿や弓などを作って遊んでいたのです。ですから今でも材料があれば，簡単な釣竿を作れるのです。

　時間は 20 分くらいかかったでしょうか。持っていた竹で即席の釣竿を完成させると，「これで少しは釣りを楽しんでいただけると思います」とお客様にお渡ししました。

　お客様は喜びながらも，正直，「本当にこれで釣れるの？」といった半信半疑の様子でした。本当に単純な作りの釣竿でしたから。

　お渡しした後，すぐにもう一度竹を取りに行き，上司が待つ宴会場へ急いだことは言うまでもありません。

　お客様に再びお会いしたのは，その日の夕方でした。私をロビーで見かけると開口一番「桜井（仮名）くん，釣れたよ！」と嬉しいご報告。私が作った釣竿で，予想以上の釣果をあげられていたのです。

　「今朝，君が釣竿を作ってくれなかったら，今日はずっと部屋に閉じこもっていたかもしれない。君のお陰で外に出られて，釣りも楽しむことができて本当に楽しかったよ。」

　そのお言葉だけで十分嬉しかったのですが，お客様はその日の釣果であるアイナメも一匹，分けてくださいました。当時まだ配属されて数カ月の私は，お客様からこんなに感謝されたことはありませんでした。

　ちなみにいただいたアイナメは，当時，厨房にいた同期にさばいてもらい，彼

と一緒においしくいただきました。

　そして，翌年のことです。再び釣りをしに泊まりに来てくださったお客様は，ご自身のカーボンロッドの釣竿と一緒に，私が差し上げた竹の釣竿も持ってきてくださったのです。

　これには本当に感動しました。ずっとご自宅に置いていてくださっていただけでなく，忘れずに持ってきてくださったのですから。

　この出会いを経験して以来，お越しになるお客様から「ありがとう」とか「楽しかったよ」といった言葉をかけていただく度に「皆さんの期待は裏切れない」という思いが膨らみ，それが仕事を続ける大きなモチベーションになっています。これからも，ひとりでも多くのお客様の期待にお応えしていきたいと思います。

最高のカクテル（カクテルのストーリー）

　ある日，「土田さん（仮名），カクテルの勉強してみない？」と上司から新しい提案をいただきました。

　私は，入社してからずっとリゾートホテル B のラウンジで働いていましたが，これまでバーカウンターに女性バーテンダーが立っている姿は見たことがありませんでした。しかも，お酒もさほど強くもない私には，一生縁のない世界だと思っていました。

　ですが，すぐに「やります！がんばります！」と，返事をしました。もともとカクテルには興味がありましたし，新しいことに挑戦するのは嫌いではなかったからです。ただし，私にとって全く一からの勉強ではありました。

　ちょうど，その頃，黒木様（仮名）とおっしゃる女性のお客様が，来店されました。この方は，当ホテルに新社員が入るたびに「今年は，こんな子が入ったのね」と，その顔ぶれを楽しみにしてくださるほどの常連様。美食家であり，世界各地の流行などにもお詳しく，その前に立つとこちらも自然に身が引き締まるような思いがしたものです。

　そんな大切なお客様である黒木様に私は，さっそく，「最近，カクテルの勉強

を始めたんです。でも，いつカウンターに立てるかは，わからないんですけど」と，お伝えしました。すると，黒木様は，「じゃあ，私が飲んであげるから，作ってみなさい」と微笑まれました。「はい。勉強して，うまくできるようになりましたら」「何言っているの，今よ」思わず「本当によろしいんですか？」と申し上げてしまいました。と，いうのも，私はその時まで，シェイカーを振ったこともないし，カクテルのレシピも全く知らなかったのです。ただ，せっかくのチャンスをいただいたので，黒木様のご厚意に甘えて，見よう見まねで作ってお出ししました。もちろん「おいしい」という言葉はありませんでした。

「このカクテルの味を覚えておくわね。」とだけおっしゃいました。

私は二人のバーテンダーにいろいろと教わりながら，カクテルのことを一つひとつ学んでいきました。勉強のために外のバーに飲みに行くこともありました。

いろいろ勉強しているうちにバーテンダーには，それぞれオリジナリティーがあることがわかってきました。レシピの作り方やシェイキングフォームも，実に個性豊かなのです。そのことに気づいた私は，それからというもの自分なりのカクテルについて，日夜考え続けました。

いろいろと頭を悩ませているうちに，徐々に自分なりのカクテルについて，イメージが固まってきました。

それは，バーに一人しかいない女性バーテンダーという特性を生かすこと。

そして，私自身，お酒にあまり強くなくカクテルに親しみがなかった過去の経験から，アルコールが苦手な方でも，それと意識しないで飲める一杯を作ることを志しました。

そこを起点に，アルコールの風味をフレーバーで押さえたり，ショートカクテルの三角形グラスを使い，見た目のスタイリッシュさにもこだわるなど，いろいろなアイデアも生まれてきました。

私が自分の目指すカクテルについて黒木様に相談すると，今は，海外では，こんな物が流行っているとか，こんな仕掛けをしてみたらどう？などと，アドバイスを下さることもありました。

このように私がカクテルについて勉強を重ねている間も，黒木様はバーを訪

れてくださると，必ず私のカクテルをオーダーしてくださいました。「おいしい」という言葉は，ありません。しかし，毎回のように繰り返される「あなたなら，もっといいものができるはず」という精進を促す言葉の後には，必ず「また飲ませてね」という励ましがそえられていました。

　黒木様にいつか「おいしい」といっていただけるカクテルを作りたい。その思いが私の勉強の支えになっていました。

　私がカクテルの勉強をはじめて，一年半が経ちました。クリスマスを控え，ラウンジでは毎年恒例のオリジナルクリスマスカクテルを販売する時期を迎えました。その年は，バーテンダー三人がそれぞれ「赤」「緑」「白」のクリスマスカラーにちなんだカクテルを作ることになり，一番若輩の私は，最初に「赤」を選ばせてもらいました。

　それまで，定番のカクテルしかお客様にお出ししたことのない私にとって，オリジナルカクテルのレシピ作りは初めてのチャレンジ，相当難しいことでした。仕事が終わり，がらんとしたバーのカウンターで一人シェイカーを振っては，ミリ単位でお酒を組み合わせることを何度も何度も繰り返しました。その事をご存知だった黒木様も，私に，「クリスマスカクテルは順調？」とお声掛け下さいましたが，今回ばかりは，私一人の力でやり遂げる覚悟でいましたから，「どんなものができるか，ぜひお楽しみに」と，だけお答えしました。

　そして，これなら自信をもってお出しできると言えるものがようやく完成しました。

　しばらくすると，黒木様がご来店になり，さっそく私のカクテルをオーダーしてくださいました。（今こそ，恩返しをする時）私は，この一年間の黒木様からのアドバイスや励ましの言葉を思い返しつつ，感謝の気持ちを込めて，シェイカーを振りました。

　「最高の自信作です。どうぞ，お召し上がりください」そう言いつつ黒木様の前にグラスを滑らしました。

　真っ赤なカクテルは，慈愛に満ちた笑顔の黒木様によく似合っていました。黒木様は，ゆっくりとカクテルを味わってくださいました。そして，ひとつ頷くと

「あの時に比べて，味も見た目も格段に良くなったわ」とおっしゃってくださったのです。ようやく認めていただけた，そう思った私は，思わず笑顔になりました。黒木様は同じ笑顔で，加えてこうおっしゃいました。「でも，一番いいのは，前よりずっと気持ちがこもっているところね。」

　それを聞いてハッとしました。味も見た目ももちろん大切です。でも最も大切なのは，そのカクテルに込める気持ちだという「最高の教え」を黒木様は，私にプレゼントしてくださったのです。

　その時に私は，全てを悟りました。最初の時から，この方は，全てのことを私を育てるためにしてくださっていたのだと。

　シェイカーを振ったことがない私にカクテルを作らせてくださったこと。いろいろなアドバイスを下さったこと。決して，中途半端に誉めたりせず，かといって，突き放しもせず，何度もご来店くださったこと。

　考えてみれば，何と幸せなことでしょう。このホテルには，一介の若者の成長にじっくり寄り添ってくださる，このようなお客様がおられるのです。もちろん黒木様だけではありません。他にも，たくさんのお客様の言葉や笑顔に，導かれ，励ましてもいただきました。

　正直に申し上げて，カクテルの味では，ベテランバーテンダーには勝てていなかったと思っています。にもかかわらず，多くのお客様に私のカクテルを飲んで頂くことができたのは，初めて自分のレシピをバーで出せることを知ったお客様方が，我が娘のことのように喜び応援してくださったからです。

　自分自身の努力が報われたという嬉しさの中で，一つ気づいたことがあります。

　それは一私たちの仕事は，お客様からいただいていることの方が多い一ということ。これは，今も私の胸に実感としてあり，今後も仕事をする上でのより所となることでしょう。

　その後しばらくしてから，私は，部署を異動になり，黒木様や，バーの常連様とお顔を合わせる機会もなくなってしまいました。しかし，今年の秋から再びバーにマネジャーとして戻ることになったのです。

　その辞令を聞いた時，真っ先に頭に浮かんだのは，黒木様をはじめとする，た

くさんのお客様方のお顔でした。かつて，ただひたむきにシェイカーを振っていた私のカクテルを味わい，応援してくださった皆様に，一回り成長した姿をご覧いただける日が，待ち遠しく思えてなりません。

二つの「涙」（涙のストーリー）

「これまでどんな食生活を送られてきたのだろう・・・」

　今度お越しになるアレルギーのお子様の手配書に目を通して，私は少し不安になりました。

　2013 年，私がリゾートホテル C の和食レストランで，アシスタントマネージャーを務めていた時の話です。

　アレルギーのお客様への特別対応は，当時さほど珍しくはありませんでした。ただ，このお子様の場合，お米や大豆などの食材から調味料に至るまで，食べてはいけないものが極端に多かったのです。せっかく特別メニューを作っても，間違って別の料理をお出しするようなことがあれば，最悪の場合命に関わります。

「とにかく細心の注意を払っておもてなししよう」

　料理長が手配書を確認し，アレルギーのお子様でも美味しく食べられるメニューを考えてくれました。また，料理の出し間違いを防ぐため，食器も伝票も通常とは別のものに変更しました。あとはスタッフの対応次第です。当日の手順と，ミーティングで徹底的にシミュレーションしました。

　そしていよいよ，お客様を迎えるときがやってきました。

　お見えになったのは，仲睦まじい 5 人家族。年配のご夫妻，その息子さんとおぼしき 30 代男性と奥様，そしてまだあどけない 2 歳の男の子です。

「いらっしゃいませ。お待ちしておりました。」

　サービススタッフのひとりがご家族を迎えました。私はアシスタントマネージャーとしてレストラン全体を見なければなりません。そこで，当時私が最も信頼していた女性スタッフに，接客を担当してもらったのです。

　お客様には，奥まった場所にあるソファー席をご用意していました。他のテー

ブルと隔てられており，家族水入らずでゆっくり食事を楽しんでいただけるスペースです。その代わり，私の定位置からは目が届きにくいというデメリットもありました。

「見えない分は，彼女から細かく状況を聞いてフォローしよう。あとは・・・彼女を信じて任せよう！」

お食事中，私はできるだけお客様のテーブルに足を運びました。女性スタッフからこまめに報告も受けていました。どうやら男の子は上機嫌で，パパとママ，おじいちゃんおばあちゃんと，和やかに食事を楽しまれているご様子です。それでも，本当に満足してくださったかどうかは，お客様の声を聞くまで分かりません。

食事を終えたお客様の帰り際を見計らい，私と彼女はご挨拶に伺いました。

「本日はお越しいただきありがとうございました。お料理はいかがでしたか」

「とても美味しかったですよ。子供も大喜びでした」答えてくださったのは2歳のお子さんのお父様。ああよかったと胸を撫で下ろす私に，お父様はさらに話を続けました。

「実は今日が，この子にとって生まれて初めての外食だったのです。アレルギーのせいで，もう一生自宅以外では食事ができないかもしれない・・・。そこまで覚悟したこともありました。それが，今日は，息子とこんなに楽しい時間を過ごすことができて・・・本当に，本当にありがとう」最後には，目に涙を浮かべておられました。

そして，ふと女性スタッフを見ると，お父様の涙につられるように，号泣しているのです。

私は，間違った料理がお皿に盛り付けられていないかを，一品一品丁寧に確認してからフロアに向かう彼女の姿を思い出しました。

その張りつめた様子を見て，彼女に任せて正解だったと確信したのです。誰よりもお客様のことを真剣に考えていたからこそ，お父様の気持ちを知って，涙を抑えることができなかったのでしょう。

お客様の前では泣かない・・・。普段，そう考えていた私でしたが，この時の

彼女の涙には，私も胸を打たれました。

　リゾートトラストには一日にたくさんのお客様が訪れます。百人いらっしゃれば，百人それぞれの事情や想いを携えて。だからこそ，お一人おひとりの想いを汲み，お気持ちに寄り添って，サービスを提供しなければならない・・・。お客様の涙と，女性スタッフの涙は，リゾートトラストのおもてなしとは何かを，改めて私に教えてくれました。

お孫様の卒業旅行（卒業旅行のストーリー）

　今から5年ほど前の3月のことです。そのお客様は高校の卒業旅行で，お友達とふたりでリゾートホテルDにお越しになりました。

　私は，そのお客様・アリサ様（仮名）のことを以前から知っていました。なぜなら毎年数回，オーナーであるおじい様と一緒にお越しになっていたからです。

　おじい様ご一家と最初にお会いしたのは，もう10年以上前のことです。当時の私はリゾートホテルDで働き始めてまだ4年目。中華レストランで本格的にお客様へのサービスを始めたばかりでしたから，顔見知りのお客様がいるはずもありません。アリサ様のおじい様が，私の顔と名前を憶えてくださった最初のお客様でした。「乳製品アレルギー」に関する手配事項を覚えていたことがきっかけでした。

　おじい様とのエピソードで忘れられないのが，結婚のご報告をした時のことです。いつものように何気ない会話を楽しんでいる途中で，「今度，結婚することに」とお伝えしたところ，大変喜んで下さり，後日，お祝いの品をお送りくださったのです。

　お客様からプレゼントをいただくのはもちろん初めてのことでした。さらに数年後，第一子が誕生した時にもお祝いの品をお送りくださり・・・。今思い出してもうれしい出来事でした。

　それから10年近くが経ち，あの小さかったアリサ様が高校を卒業する年齢に。そしてお友達との記念の日にリゾートホテルDに来てくださったのです。私は

時間の流れを感じながら，おじい様とご一家との思い出に浸っていました。

　ふと，あることに気がつきました。おふたりはそれぞれチャーハンと焼きそばを注文されていたのですが，どうやらそれで食事を終える様子なのです。恐らく，宿泊費などはおじい様かお母様が出すけれど，食事は自分たちのお小遣いから出すことになっていたのでしょう。確かにホテルの料理は高校生には少々，高めです。

　そこで私はささやかなプレゼントとして，アリサ様が小さい頃から好きだった麻婆豆腐と杏仁豆腐を追加でサービスしたのです。少しでも旅行を楽しんでいただきたい。そして，これまでおじい様をはじめ皆様にお世話になってきたご恩をお返ししたいという思いからでした。

　おふたりともとても喜んでくださいました。バックヤードまで「えー」という驚きと喜びの混じった声が聞こえてきましたから。お帰りの際にはご挨拶させていただき，私からの心からのサービスだった旨をお伝えしてお見送りしました。

　おじい様から直接，お電話をいただいたのは翌日のことです。すぐ次の日に連絡をくださったということは，アリサ様も帰ってすぐにお話しされたのでしょう。

　おじい様は「孫のためにありがとう」と，私が孫のアリサさんを覚えていたことや，レストランでのサービスに対して，繰り返しお礼を言われました。そしてその声は，涙声でした。代わって出られた奥様も泣きながらお礼をお伝え下さり，さらには，アリサ様のお母様も出られて・・・ご一家の皆さまが代わる代わる，お礼を伝えてくださったのです。

　私としては，これまでお世話になったことへのささやかなお返しのつもりでしたから，そこまで喜んでいただけるとは思っていませんでした。ましてアリサ様ご本人だけでなく，ご家族の皆様にそこまで喜んでいただけるとは思いもよりませんでした。

　私がおじい様と親しくさせていただくようになり，もう10年以上になります。

　こうしてお客様と長く，深いお付き合いをさせていただけるのも会員制ホテルの特徴でしょう。3世代にわたるご一家のお付き合いから生まれたこの出来事は，今でも私の大切な思い出になっています。

雨上がりのウエディング（雨上がりのストーリー）

　今から十年ほど前のある日のことです。その日，リゾートホテル E は，とある婚礼を控えており，私は，現場責任者としてこの婚礼に携わることになっていました。

　朝早い時間から，お化粧，ヘアメイクと次々と準備を整えながら，主役の新婦様は，何度となく窓の外を眺めては，小さくため息をついていらっしゃいました。窓の外には，しとしとと降り続く絹糸のような雨。緑の芝生が，雨水に濡れそぼり，いつもなら抜けるような青空と爽やかな海が広がるホテル自慢の風景も，心なしか寂しげに見えます。このまま雨が降り続けば，新婦様がずっと夢に描いていらした屋外のチャペルでの挙式が不可能になってしまいます。新婦様のため息は，雨の空を憂いてのものでした。

　この日からさかのぼること一年。

　新郎新婦様は，二人揃ってリゾートホテル E の庭園チャペルを見学にいらっしゃいました。緑の芝生にしつらえられた白いガゼボ，その背後に広がる青い空と海。このリゾートホテル E ならではの景観が決め手となって，お二人は，ここで結婚式を挙げることを決意されたのです。

　その日から，新婦様は，ウェディングプランナーや，現場責任者の私とも打ち合わせを重ね，理想のセレモニーにすべく心を尽くしてこられました。そして，いよいよ待ちに待った挙式の日がやってきたのです。

　ところが，挙式当日はあいにく朝からの雨。

　新婦様はもちろんのこと，私たちスタッフも恨めしげに空を見上げるしかありませんでした。中でも約一年の長きに渡って，お二人と挙式の打ち合わせを頻繁に行ってきたウェディングプランナーは，新婦様と同じくらいに悔しい気持ちだったと思います。しかし，そんな中でも，私たちは，新婦様に少しでも明るい気持ちになっていただこうと懸命に声をおかけしていました。そうした私たちの心を感じ取ってくださったのか，新婦様も次第に屋外でのセレモニーを諦めるお

気持ちが強くなってこられたようでした。とは言え，スタッフ全員が式の準備を行うぎりぎりの時間まで，なんとか雨が上がって欲しいと，心から願っていたのです。

しかし，無情にも雨は降り止まず，挙式まで一時間半を切ったタイミングで，室内のセレモニー会場を整えるための準備を始めることになりました。

ウェディングプランナーがその旨をお伝えすると，新婦様はうつむきながらひと言「わかりました」とお答えになったそうです。

その後，粛々と会場のセッティング，新郎新婦様の前撮り撮影が進みました。しかし，一度は室内での挙式を納得されたものの，新婦様は，やはり諦めきれぬ様子で，時折，外を眺めていらっしゃいました。そんなご様子を私たちも心を痛めつつ見守っておりました。

ところが，挙式まで三十分を切った時のこと，それまで降り続いていた雨が奇跡的に止んだのです。

「雨が上がった」

もう室内会場の飾り付けは終わっています。雨が止んだとはいえ，庭園の地面は水浸し，コンディションは決してよくはありません。ですが，携わるスタッフ全員が胸に希望を抱えて集まってきました。言葉にせずとも，みんなの思いは一つでした。

―なんとかして，新婦様の夢である庭園チャペルでの挙式を実現させたい！

「後，三十分しかないが，会場の準備は間に合うだろうか」

「やりましょう！」

「よし，手が空いているスタッフ，全員を呼んで」

「はい！」

誰からともなく，そう声を掛け合い，すぐに行動に移しました。一番の難問は，ぬれた地面です。新婦様のウェディングドレスやゲストの足下を汚してしまうわけにはいきません。

迷うことなく，私たちは，チャペルに続くレンガ道と周辺の芝生を拭くことにしました。古いタオルやナプキンといったありったけの布を集めて，地面の水分

を拭き取るのです。挙式まで三十分しかありませんでしたから，とにかく必死でした。

　一心不乱に作業している中，私がふと顔を上げてみると，なんと営業やフロント，料飲といった婚礼と直接関係のない部署のスタッフ，休憩時間を途中で切り上げたスタッフ，仕事終わりで手伝うスタッフ，皆，背中を丸め，這いつくばるようにして，地面を拭いていてくれたのです。その数，三十名ほどにもなっていたでしょうか。

　私は，胸がうち震えるのを感じました。彼らと一緒に仕事をしていることが何とも幸せなことだと思えたのです。

　スタッフの総力を挙げての協力のおかげで，時間までに会場の準備も整いました。続々とゲストが到着され，芝生からの眺めを楽しまれたり，写真を撮られたりしています。ゲストの皆様は，つい先ほどまで，その足下を大勢のスタッフが拭いていたことなど，全く知る由もありません。チャペルは，いつもの挙式と同じようにその気品ある佇まいを見せています。

　やがて会場に厳かな音楽が流れ，式が始まりました。

　新郎新婦様は，緊張の面持ちで式に臨まれていました。お二人を見まもるゲストの皆様の目線は温かく，会場は格調高くも和やかな雰囲気につつまれていました。不思議なことにあれほど朝から降り続いていた雨がその後は全く降らず，曇天の下ではありましたが，式は滞りなく進みました。そして，最後に，新郎さま新婦様が，お二人一緒に鐘を鳴らす場面となりました。

　お二人が鐘の前に立たれた時，すっと雲が引き，その合間から青空がのぞきました。そして，雲の切れ間からお二人の元へ光の柱が降りてきました。それは，まるで天が配分したかのようなタイミングでした。お二人は，お互いの目を見つめ合うと，しっかりと鐘の紐をもち，カーン，カーン，カーンと三度，鐘を鳴らされました。華やかな音があたりに響きました。

　無事，挙式と披露宴が御披楽喜になった後，私は新郎新婦様にごあいさつに伺いました。すると，新婦様は，目に涙を浮かべながらこうおっしゃってくださったのです。

「たくさんのスタッフのみなさんが総出で地面を拭いてくださっていた姿を見ました。私たちの結婚式のために，ここまでして下さるなんて・・・感謝の気持ちでいっぱいです」

驚きました。私たちのあの作業は，どなたの目にも触れていないと思っていたからです。しかし，天候を気にされていた新婦様は，外をご覧になった時，私たちの作業の様子を目にされていたのです。そして，「ここで結婚式を挙げさせてもらって本当によかったです」と，そっと白いハンカチを目元に当てられました。その言葉に，私も心の底からうれしさがこみ上げてきました。隣を見ると，ウェディングプランナーも感激して涙を流していました。

スタッフが一丸となって，挙式のために取り組んだこと。

みんなの思いが一つになることで，不可能を可能にする力が生まれたこと。

ホテルスタッフ全員の一つとなった思いをお客様が受け取ってくださったこと。

何より，お客様からの感謝のお言葉により，私たちまでも感動させていただいたのは，望外の喜びでした。

頼りになる仲間たちと協力したこの挙式のことは，今も印象深く心のうちに残っています。

千羽鶴に思いを込めて（千羽鶴のストーリー）

そのお客様は，末期の癌だということでした。

「オーナー様のお嬢様で，ご家族とご一緒に5泊される予定です。和食がお好きなので何度かそちらに行かれると思いますが，よろしくお願いしますね」と，営業担当者からのご連絡。かれこれ4年近く前，私がリゾートホテルFの日本食レストランでマネージャーを務めていた頃のことです。

私は早速，朝のミーティングで情報をスタッフに伝えました。

「ご両親は"最後の家族旅行かもしれない"とおっしゃっていたそうですが，我々は普段通りの対応を心がけましょう。また次回も，お待ちしています・・・の気

持ちを込めて」という私の言葉に，誰もが深く頷いてくれました。

　ご家族がレストランに来られたのは，初日の夜でした。車椅子に乗ったお嬢様は30代半ばくらいでしょうか。かなりお痩せになっていて顔色も良いとは言えませんでしたが，ご両親やごきょうだいに囲まれておいしそうにお食事を召し上がっておられます。時折，スタッフとも笑顔で会話を交わし，心からこの旅行を楽しんでいる様子でした。

　「ご病気のこと，本人もご存じなんですね」サービスを担当した女性スタッフが，厨房に戻った時にぽつりと言いました。

　「この旅行から帰ったら病院へ戻らなくちゃならないのよって，おっしゃったんです」

　癌だって現代では治る人もたくさんいます。何とかして病気に勝ってほしい，病気と闘う気持ちになってほしい。私に何ができるだろうかと考えた時，あるアイデアが浮かびました。

　「ねえ，鶴の折り方を教えてくれないかな？恥ずかしながら忘れてしまったんだ」私は一人のスタッフをつかまえて尋ねました。

　「いいですよ。でもどうして？」

　「あのお客様に，鶴を贈ろうと思ってね」そう，私が思いついたのは千羽鶴のプレゼントでした。

　「大賛成です！マネージャーったら水くさい。私にも折らせてください！」周囲にいた他のスタッフも「私も」「僕も」と手を挙げます。それを見ていた料理長も，厨房スタッフも・・・良い仲間に恵まれていると，この時ほど感じたことはありません。みんなの心が強い絆で結ばれた瞬間でした。

　その日からレストランのメンバーは鶴を折り続けました。仕事の合間や昼休みはもちろん，休日に自宅で折ったものを持ってきてくれる子もいました。5日後，鶴の数は千羽以上に。私ひとりなら50羽くらいだと思っていたものが，全員の思いを乗せて大きくふくらんだ形になったのです。

　最終日の夜，ご家族は天婦羅割烹を予約されていました。U字のカウンターに並んで座り，揚げ手の料理人と歓談しながら召し上がっている様子はどこから見

ても幸せな家族旅行のワンシーン。お嬢様もいつになく食欲が進んだようで「おいしかったわ」と満足そうでした。

お食事が終わった頃を見計らい，カウンターから出口への通路にスタッフがずらりと花道を作りました。

「え？」と驚くご家族とお嬢様。そこへ私が代表して千羽鶴をお渡ししました。

「6日間のあいだに何度も来ていただき，ありがとうございました。これから入院されるとお聞きしたのでみんなで折りました」

スタッフも「がんばってください」「また，お会いしましょうね」と次々に声をかけます。

真っ先に泣き出したのは，お母様でした。そしてお父様やごきょうだいも嗚咽を漏らします。お嬢様は最後まで笑顔をくずしませんでしたが，その瞳はやはり涙で濡れていました。

実は，事前にスタッフと約束していたことがありました。「自分たちは絶対に泣かないで，笑顔でお送りしよう」・・・しかし号泣されるご家族を前に，感情を抑えることなどできません。泣きながら，笑いながら，お見送りをしたのでした。

その後，お嬢様の経過がきになりつつも確かめようがありませんでした。お元気だろうか，もしかするともう・・・正直，真実を知るのを避けていたのかもしれません。

そうこうするうちに私はリゾートホテルFからリゾートホテルGへ，さらにリゾートホテルHへ異動に。忙しい毎日を過ごすうち，いつの間にか4年の月日が経っていました。そんなある日，私宛に1本の電話がありました。リゾートホテルIのフロントからです。

「山本（仮名）さんですか？リゾートホテルIです。こちらにご宿泊中のお客様が，山本さんとお話しされたいそうです」

首をかしげながら，もしもし？と言った私の耳に，あのお嬢様の声が飛び込んできたのです。

「山本さん，私です！リゾートホテルFで千羽鶴をいただいたこと，覚えていらっしゃいますか？」

　忘れるはずなどありません。

　「お元気でいらっしゃったのですね！」

　「まだ完治ではないけれど，確かに生きています。あの時の皆さんの思いが力になって，こうして再びエクシブさんにも宿泊できるようになりました。フロントの方にずいぶん無理を言って山本さんを探してもらったんですよ」

　笑いをふくんだ力強い声。「次はぜひ，このホテルにもおいでくださいね」と負けずに明るい声を出しながら，私はいつしか泣いていました。

　一緒に千羽鶴を折ったスタッフ達は，すでに異動でバラバラになっていましたが，連絡がつくかぎりこのことを伝えました。

　もちろんみんな大喜びです。「いつか私のところにも，宿泊されるかもしれませんね」と声を潤ませる子もいました。そう，リゾートトラストで働いていれば，いつか再会できる。その時，スタッフ全員の思いを込めたとびきりの笑顔でお迎えするつもりです。

第4節　ストーリーの考察

図4-1　サービスとホスピタリティの発展段階モデル（図3-4再掲）

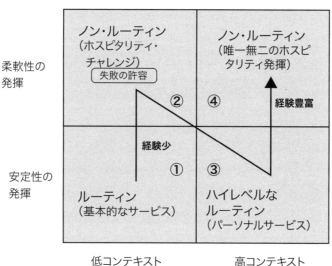

前節の**釣竿のストーリー**では，経験の浅いホテルスタッフが，ホテル利用客に対して，自分の特技を生かしたホスピタリティ発揮にチャレンジしたケースである。彼のホスピタリティは利用客である会員に通じ，互いへの感謝の念が生まれ，次の機会へとつながる相互信頼が生まれている。サービス提供のスキルに関して，いまだ未熟であっても，相手の置かれた状況をとっさに判断し，手元にあった別の用途で使うはずであった竹を釣竿に作り替える対応は，まさに柔軟性の発揮である。

図4-1にあるように，①⇒②の段階でのホスピタリティの発揮は，利用客の要望に応えられずに失敗する可能性も十分にある。その場合も，上司がその失敗を叱るのではなく，そのチャレンジを褒める職場環境になっていることで，次のチャレンジをしやすくなり，豊かな経験を積める可能性が高まる。また，リゾートト

ラストグループの会員制ホテルは，会員もスタッフと同様に，自らが会員となっているホテルをよくしたい，居心地の良い場所にしたいという思いを持っていることが多い。繰り返しの滞在の中で，新人スタッフの失敗に寛容で，むしろそうしたスタッフが立派に成長することを見守ってくれることもしばしばである。

　前節の**カクテルのストーリー**も**釣竿のストーリー**と同様に①⇒②の段階でのホスピタリティの発揮である。このストーリーからは，第1章で示したホスピタリティの語源である「無私の献身と歓待」「双方向の共生関係」に基づくホテルスタッフと利用客間の信頼関係が浮き彫りとなっている。バーでの業務に関する知識も浅く，カクテルづくりの経験もないスタッフを育てるために，何度もバーに来て注文を繰り返す会員。その励ましに応えようと努力し続けるホテルスタッフ。どちらかといえば，ホテル利用客である会員の方がホスピタリティを発揮し，ホテルスタッフが最後には，報われ感謝するというプロセスが非常に興味深い。

　このストーリーの場合，職務満足や仕事へのモチベーション（ES）をもたらしたのが，顧客であるホテル利用客であり，新人ホテルスタッフが立派に成長した姿を見て，利用客も最終的には満足感（CS）を得られたことが分かる。会員制ホテルならではのESとCS双方の実現であるといえるであろう。

　会員制ホテルの若手スタッフからも同様の話を聞くことができた。会員制ホテルは，会員の方々が高い会員権を購入し，ホテルを利用していることでスタッフの生活が支えられている。会員であるホテル利用客へのサービス提供やホスピタリティ発揮は，会員の方々への恩返しである。会員の方々をホテルスタッフが恩人だと思ってくれていることが分かれば，会員もホテルスタッフを可愛がってくれるし，アドバイスもくれる，と。ホスピタリティで最も大切な気持ちは，会員への感謝の気持ちであるという。

　一般ホテルであれば，働いているスタッフが，新人であるかベテランであるかは関係なく，利用客から一定レベルのサービス提供を求められる。当然，新人によるサービス提供やホスピタリティ発揮の失敗は，即利用客からのクレームにつながり，リピーターにならないで終わることもある。しかし，会員制ホテルの利用客は，リピーターとなることが前提であり，総支配人や長くいるマネジャーク

ラスとは顔なじみとなる。マネジャーから新人を紹介され，緊張しながらサービスをするスタッフを見れば，このストーリーのように，我が子どものように温かく見守ってくれることも多い。

涙のストーリーからは，キャリアを積んだマネジャーが特別なアレルギー食を提供するために，料理長と自分の部下である女性スタッフとともに，ハイレベルのルーティンをこなす様子が伝わってくる。図 4-1 における③のステージにあたる。ほんの少しのミスもできない状況の中で，接客する女性スタッフの緊張感を感じながらも，食事の提供を任せ，客の様子をマネジャーが注意深く見ていた。こうしたパーソナルサービスは，料理長にとっても腕の見せ所であり，ホテルスタッフにとって難易度の高いサービス提供である。このストーリーでは，利用客にかけがえのないひとときを楽しんでもらえたことがよくわかり，結果として素晴らしいホスピタリティの発揮になっている。

卒業旅行のストーリーの状況は，かなり高コンテキストであるといえる。この場合のゲストは，会員の孫であり，本人からは特段何もホテルスタッフに要求を伝えてはいない。ホテルスタッフは，職場での長い経験から，会員に関する個人的情報をよく知っており，恩を感じていた。だからこそ，会員から何も伝えられていなくても，高校生になった孫に気づき，彼女の懐事情を察し，彼女の好みの料理をサービスしている。図 4-1 の③と④に跨る段階であるといえよう。

何も言葉にしなくても，ホテルスタッフと会員との間に絆ができ，その場の状況に応じて柔軟にホスピタリティの発揮ができる。これこそ唯一無二のホスピタリティの発揮であると言えよう。会員制ホテルでは，会員だけでなく，会員の子どもや孫とのつながりも育むことができる。先述したように，サービスは相互作用が 1 回きりで完結しても良いが，ホスピタリティは線や面で考える必要がある。会員制ホテルの舞台ではこうした線や面でのホスピタリティが発揮できる可能性が一般ホテルよりも高いといえよう。

雨上がりのストーリーは組織的にホスピタリティを発揮した好例であり，図 4-1 でいえば，個々のスタッフの発展段階は異なっているかもしれないが，結果的に④の唯一無二のホスピタリティが発揮されている。結婚式は，人生でかけが

えのない晴れ舞台のひとつである。失敗はゆるされない状況であるにもかかわらず，新婦の希望を知っていたウェディングプランナーとスタッフは，すでに準備が終わっていた室内セレモニー会場から急遽庭園での結婚式に切り替えることを決めた。

　チャペルに続くレンガ道の雨水を短時間で拭き取るのは，かなりの重労働である。30分という短い時間で完了させるため，多くのスタッフが協力してくれたことから，当該施設のスタッフ全員に情報共有とチームワークの醸成ができていたことが分かる。

　このストーリーは，特に新婦がスタッフの対応に満足を超えた感動を覚えて感謝したことに加えて，関わったスタッフの思いが一つになったことをスタッフ自身が感動し，仲間に感謝の念を抱いており，まさにCSとESがMOT（真実の瞬間）で一体化したエピソードである。

　千羽鶴のストーリーも**雨上がりのストーリー**と同様に図4-1の④にあたる唯一無二のホスピタリティを発揮した組織的なホスピタリティの事例である。このホテルマネジャーは，会員家族の病気の回復を願い，千羽鶴を贈ることを思いつく。マネジャー自身は鶴の折り方さえおぼつかなかったが，多くのスタッフの協力のおかげで，5泊6日という短い滞在期間中に，千羽鶴を手渡すことができ，病気の家族と会員を励ましました。このストーリーで興味深い点は，その後日談である。再び旅行できるほど回復した会員家族が，当該ホテルとは別のホテルに宿泊した際，すでに異動していたマネジャーを探して4年という年月を経て，感謝を伝えている。さらに，マネジャーはそれぞれの施設で活躍している当時の仲間にも感謝を伝え，喜びを共有している。ホスピタリティ発揮が，点から（時を経た）線，そして（スタッフ間のネットワーク）面になっていることがよく分かるストーリーである。ホテルグループ内のスタッフ間のネットワークを活かすことで，会員制ホテルにしかできないホスピタリティ発揮が可能になるのである。

　リゾートトラストグループでは，どこかのホテルの会員になれば，リゾートトラストグループのほぼすべての会員制ホテルに宿泊できるため，異動先で，顔見知りの会員とスタッフが出会うこともある。見知らぬリゾート地で懐かしい顔が

見られる感動は，リゾートトラストグループの会員制ホテルならではの CS であろう。

　図 4-1 からわかるように，①と③は，安定性の発揮であり，ホテル利用客に「ホッとする経験」をしてもらうことである。それはホテルスタッフのキャリアの長短にかかわらず，利用客にとって顔見知りのスタッフの笑顔に出迎えてもらうことで，当該ホテルでの安心感を得ることができる。ホテル＆リゾート本部の目指す姿である「世界に誇れるディスティネーションホテルの実現」とは，観光のための宿泊ではなく，宿泊そのものが目的であり，そこを拠点として観光することもできる，という考え方である。宿泊自体が主たる価値を持つ滞在時間を提供するのである。

　②と④の柔軟性の発揮は，ホテル利用客に「ハッとする経験」をしてもらうことである。会員は基本的にリピーターであり，同じホテルに何度も宿泊する。毎回同じような経験では，当然飽きてくるし，仕事や家庭の状況から滞在時の気分も異なる。ヒアリングしたホテルスタッフがフロントで勤務していたとき，会員である利用客の様子を注意深く観察し，かなり疲れている様子の会員に対して，なるべく早めに部屋に案内するなど，工夫をしていた。

　「ハッとする経験」は，個々のスタッフの努力では限界もある。やはりスタッフ間のチームワークが発揮される余地は大きい。**雨上がりのストーリー**や**千羽鶴**

のストーリーは，ひとりでは絶対に不可能なホスピタリティの発揮である。普段からスタッフ同士の良好な協力関係や円滑なコミュニケーションは欠かせない。

　筆者自身，ある会員制ホテルに滞在した時，駅からホテルまでの送迎マイクロバスの運転手が紹介してくれた季節の草花の数々が，夕食時の前菜を彩っていたことに気付いたときには，とても感動したことを覚えている。宿泊自体に発見の喜びを感じられる「ハッとする経験」は，リピーターに新たな付加価値を与えてくれる。

第5章　プレジャープロジェクト

第1節　ホテルスタッフ育成の新たな試み

　第4章で紹介したように，リゾートトラストグループの会員制ホテルでは，ホスピタリティ発揮の素晴らしい実話が40年以上の歴史の中で数多く蓄積されている。また，教育プログラムも整備されており，職位が上がる都度，適切な研

図5-1　ホテル＆リゾート本部　キャリアアッププラン [1]

		教育プログラム				
幹部	事業部長					
	総支配人			プレジャープログラムマネジャー以上		Newリーダー研修上級
	副総支配人					
	部門支配人					Newリーダー研修中級
	副部門支配人					
中堅	マネージャー		Potential Candidate for Kawasaki Class『PCKC』	プレジャープログラムマネジャー以下		Newリーダー研修初級
	アシスタントマネージャー					
	チーフ					
若手	キャプテン主任					
	一般社員	リードシステム				
研修名称		リードシステム	PCKC	プレジャー・プログラム		Newリーダー研修
目的		・新入社員の教育制度・育成・能力及び定着率向上	・ホテル＆リゾート本部の価値観の浸透・若手リーダーの育成	・ブランド社員の育成		・ホテル・レストラン経営に必要な損益計算書等の数値管理，リーダーシップ，企業運営のマネジメント力を磨く

　出所：リゾートトラスト（株）社内資料：筆者一部抜粋

---

1)　図5-1は，ホテル＆リゾート本部のキャリアアッププランから一部抜粋して表示したものである。それぞれの目的に合わせた教育プログラムが職位ごとに準備され，リードシステムは2年間，他のプログラムは1年間かけて実施される。教育プログラムと並行して，昇格プログラムも準備され，昇格するごとにアセスメント研修が実施される。また，この図からわかるように，2021年度からは，本章で紹介したプレジャープロジェクトも研修体系に組み入れられ，プレジャー・プログラムとしてホテル＆リゾート本部全体で発展的に活動が行われることになった。

修が準備され，昇格のための研修も用意されている。

　さらに，リゾートトラストグループはホテルスタッフを育成する「リゾートトラストホテルカレッジ」も 2003 年に設立し，これまで 600 名以上が卒業して，リゾートトラストグループで働いている。

　しかしながら，毎年のように新たな会員制ホテルが開業し，カレッジの卒業生や中途採用も含めて，ホテルスタッフを 300 名以上採用する状況が続き，徐々に，ホテルの現場におけるサービスクオリティ低下に関する会員からの苦言が多くなっていった。リゾートトラストグループは，会員が株主であることも多く，株主総会でも，同様にホテルスタッフのサービスクオリティ低下やミスの指摘，新たなサービス要求が増えてきていた。

　稼働率に関しても，施設によって差はあるが，全体として徐々に右肩下がりの状況が続いており，会員一人当たりの宿泊日数も下がり気味で，ホテル＆リゾート本部としての組織的対応が必要になりつつあった。

　実際，2018 年に実施されたミステリーショッパーと呼ばれる外部のアセスメント調査からも，改善すべき点が指摘されている。たとえば，「笑顔／挨拶」といった基本的な態度の達成率が芳しくないことや，ゲストからの質問や依頼に応えるだけでなく，常にプラスαの提案や会話を心掛けるべきであるが，それが定着していないのではないか，という点である。

　ミステリーショッパーに指摘された笑顔や挨拶は，ホテルスタッフにとっては，基本的なルーティンで，安定性の発揮に欠くべからざる態度であり，プラスαの提案や会話は，ノン・ルーティンで柔軟性を発揮する，ホスピタリティ実践のために重要な糸口である。外部のアセスメント調査は，会員制ホテルの現場が，基本的なサービスの提供とホスピタリティの発揮の双方において，将来，深刻な問題になりかねないという警鐘を鳴らしていた。そこで，ホテル＆リゾート本部は，2018 年 12 月から新たに人事部と協力して独自の取り組みをスタートさせた。それがプレジャープロジェクトである。

　プロジェクトの詳細は，次節で紹介するが，このプロジェクトは，本書で唱える「高コンテキストな状況で，会員個々人に合わせたパーソナルサービスと唯一

無二のホスピタリティ発揮」を目指している。誰に対しても同一のコトを提供するサービスを習得するのは，知識の伝達とスキルの習得であり，マニュアル化されたものを学び，OJT でスキル向上のための練習をすることで会得できる。

　したがって，サービスレベルがまだそれほど高くない新人スタッフやリゾートトラストでの経験が浅い中途採用のスタッフ対象に，サービスレベル向上のための体系的な研修はもちろん重要である。

　しかし，ホスピタリティが発揮できるようになるには，別のアプローチが必要となる。第 2 章で詳述したように，鄭（2011）は，ホスピタリティは相手の個別的なニーズに基づいたもので，その都度異なる対応が必要であると主張し，中根（2013）は，ホスピタリティは無償の提供物であり，双方向であると言っている。さらに，吉原（2012）は，ホスピタリティは，儲けのためのマーケティングとは一線を画し，組織関係者が互いに喜びあう，感動の場の創造を行う，感動を分かち合うことであると述べ，山上（2008）は，ホスピタリティの期待レベルは，客の許容範囲よりもはるかに高いという。

　こうしたホスピタリティの発揮は，講義を受けたり，研修を受けたりする一方向的な教授型の学習では十分ではない。既存の学習論でいえば，「正統的周辺参加」による実践レベルの向上，実践共同体（Community of Practice）の中で学ぶことが必要となる。実践共同体とは，組織メンバーの学習を促進するため，あるいは知識を共有・創造するため，企業内外で一定のテーマをもとに構築される共同体であり，「学習のためのコミュニティ」である（松本, 2019）。実践共同体は，職場・家庭につづく「第 3 の場所」であり，仕事での学びを補完，促進する場でもある。

　福島・村上（2008）も，学習理論から言えば，気配りを学習するには，気配りができる人の行動を見て学ぶ行動モデリングや熟練者らの実践行動に参加し，責任を持たない範囲で気配りを実践しながら習得していく正統的周辺参加論があげられる，と述べている。ホスピタリティ発揮の契機はホテル利用客への気配りである。気配り上手になるには，気配り上手な人のそばで働き，吸収し続けるしかない。

　ホスピタリティ発揮について，同じホテルスタッフの仲間とともに，すなわち

実践共同体の中で学ぶことによって，より短期間で，ホスピタリティ実践の中核に迫ることが可能となる。実践共同体のメンバーは同時に公式組織にも所属しており，その多重成員性が学習のループを生み出すという。この考え方は「二重編み組織」とも呼ばれる（Wenger et al., 2002）。

　他者の実践から学ぶプロセスから相互に刺激を与えあうことによって，グループレベルの学習さらには組織としての学習が可能になるであろう。その意味で，プレジャープロジェクトは，ホスピタリティ発揮に関する個人の学習をグループの学習，さらに組織（施設）全体の学習へとつなげる試みにもなっている。

第2節　プレジャープロジェクトの概要と活動内容事例

　プレジャープロジェクトとは，世界一の会員制ホテルパーソナルサービスの実現を目指して2018年12月に始まったプロジェクトである。このプロジェクトを中心となって動かすのは，各ホテルに組織される「チームプレジャー」と呼ばれるグループである。「チームプレジャー」のリーダー的存在が，「ブランドアンバサダー」と呼ばれるスタッフであり，彼／彼女らは，各ホテルから推薦され，ホテル＆リゾート本部による承認で決定される。

　「ブランドアンバサダー」として推薦されるメンバーには，次の3つの資質が求められた。

1　ホテルスタッフとしてのプロフェッショナルな技術や経験（スキル）
2　プレジャープロジェクトのミッションを理解し，貢献する意志がある（マインド）
3　自分の技術や経験を仲間や部下に還元できる（伝承・育成）

　選ばれたメンバーの年齢は，25歳から35歳のある程度の経験を積んでいる比較的若手から中堅である。

　ブランドアンバサダーの選出とともに，それぞれの施設における組織診断も行い，事前に強みや弱みの相互理解を行うことで，後の階層別のコンサルティングにつなげる仕組みになっている。

　ここで言う組織診断とは，4 つの S, Shared Value（共通の価値観），Staff（人財・育成），Skill（能力・施設力），Style（風土・業務）に基づく ES（従業員満足）アンケートの結果を示している。4 つの S に関する質問項目をそれぞれ 1 つずつここでは紹介しておこう。

Shared Value（共通の価値観）

・ あなたは，リゾートトラストグループの一員であることに魅力を感じ，誇りをもって業務に取り組んでいますか。

Staff（人財・育成）

・ 直属の上司を「リーダーとして信頼」していますか。

Skill（能力・施設力）

・ あなたの部署ではあなたの仕事に対して知識・技術を伸ばすような助言をしてくれていますか。

Style（風土・業務）

・ あなたの部署内ではコミュニケーションがよくとれていますか。

　2019 年 3 月には，選抜された 21 名のブランドアンバサダーが集まり，キックオフミーティングが開催され，4 月にプレジャープロジェクトの第 1 期がスタートしている。

　ここでは，会員制ホテルの一施設で実施されたプレジャープロジェクトを活動事例として紹介したい。

　このホテルでブランドアンバサダーとして選ばれたのは，入社3年目の女性である。彼女は，中途入社の社員であるが，高校卒業後にブライダル企業などでの営業や接客業でキャリアを積み，フランス留学経験もあり，リーダーとしての経験や資質もあったため，入社後の働きぶりを認められたが，それだけでなく，職場における課題も明確に認識していたため，ブランドアンバサダーとして推薦された。

　当該ホテルのスタッフは優秀な人材が多く，スタッフとしてのプライドも持っていたため，長い時間をかけて徐々に縦割り意識の強い組織になってしまっていた。自分の職務さえしっかりこなせばよいと考える人が多かったため，彼女はプレジャープロジェクトを通じてヨコのつながりを作りたいと考えた。

　そこで1か月に1回，90分程度のディスカッションを含めた研修会を業務時間に組み込んで開催することにした。毎回テーマを変えて，自分の考えを話し，スタッフ皆の意見を聞くようにしたという。テーマは，「やりがいを感じるのはどんなときか」「ひとことプラスの提案をするのはどうしたらよいか」など，身近で実践的なものである。様々な意見を聞くと，スタッフ一人ひとりに潜在的な力があり，「お客様を笑顔にしたい。喜んでもらいたい。」という接客に関しての漠然としてはいるが強い想いもあり，そのためにどうすればよいかを話し合った。ホテルの総支配人やホテル＆リゾート本部にこうしてほしいという具体的な希望があれば，彼/彼女らの希望を自らの部署に持ち帰り，直属のマネジャーを通じてマネジメント層にフィードバックすることで，実現できることは次々に実現させていった。そのため，プレジャーメンバーは自分たちの力でホテルを変えられる，よりよいサービスの提供やホスピタリティの発揮ができることを実感できたという。

　プレジャープロジェクトを通じて，ボトムアップで意見を吸い上げる仕組みができたのは画期的なことであり，ブランドアンバサダーとして彼女自身がやりがいを強く感じただけでなく，プレジャーメンバー間の意識の共有ができるように

なって，当該ホテルの中のヨコのつながりが生まれてきた。

　「このプロジェクトを通じて，一番変わったのは，自分自身。」と彼女は考えているが，プレジャーメンバーや他のスタッフの行動にも変化が表れている。たとえば，ホテル内で利用客に立ち止まり一礼をし，自ら声を掛けにいくスタッフが増え，個人差はまだまだあるが，確実にホテル利用客に寄り添ったパーソナルサービスが増えてきているという。

　彼女の話から，プレジャープロジェクトを通じて本来持っているスタッフの「お客様の為に」という想いを実現するために考える力，動く力が付きつつあることが分かり，多くのスタッフが成長していることがうかがえる事例である。

　プレジャープロジェクトは，2020 年 4 月から 2 年目に入っていて，この施設のプレジャーメンバーは 20 人となっており，これまでの経験を継承していくため，1 年目のメンバーのほとんどが加わっている。1 年目のメンバーは利用客に直接かかわる部署ばかりだったが，直接利用客と接することの少ない厨房などバックヤードのスタッフも入れることでホテル全体での協力体制を作ることができるため，2 年目は，バックヤード部門のメンバーも加わっている。

　プレジャープロジェクトのコンセプトは，ブランドアンバサダーを 2 年ごとに交代して，ブランドアンバサダー経験者を次々に増やしていくことを目指しているため，このホテルも新たなブランドアンバサダーに施設内でのプロジェクトを中心になって動かしてもらい，彼女は，現在アドバイザーのような立場で関わっている。

第 3 節　プレジャープロジェクトの成果と未来像

　プレジャープロジェクトが，学習する組織である実践共同体としての役割を果たしているのではないかと，第 1 節で述べたが，実践共同体における 5 つの効果が，このプロジェクトからも生まれていることが分かる（松本，2019）。

①観察力，気づき力の向上

ホテル利用客に寄り添ったサービスを行うには，客の言動から多くの気づきを得る必要がある。また，他のスタッフと連携して動くには，彼らの動きにも気を配らなくてはならない。他のスタッフに接客の工夫などをたずねたり，ブランドアンバサダーの立ち居振る舞いを観察することから得るものは大きい。

②コミュニケーションの活性化とホテル利用客やスタッフとの関係構築

月に1回であっても，部署をまたがった話し合いは，互いの業務内容を学ぶ機会となり，円滑なコミュニケーションをはかる重要な時間である。利用客への声掛けがしやすい環境も生まれている。

③サービス提供技能の向上

職場の問題解決による生産性向上は，時間をその他の取り組みに有効に使えるため，利用客のために割く時間が増えているであろう。

④理念の追求と浸透

プレジャープロジェクトは，「お客様の喜びは，私たちの歓びを増進させること」を目的とした，コネクトで創るプロジェクトである。コネクトとは，リゾートトラストグループの中期経営計画「Connect50〜ご一緒します，いい人生〜」につながる言葉である。このプロジェクトは理念に基づいて行われているため，活動の継続はリゾートトラストグループのブランディング向上につながっている。

⑤新たなサービスの工夫

現在の課題のひとつは，ホテル利用客に関する情報の一本化とその活用であり，顧客情報のデジタル化に関して，検討が進んでいるという[2]。

こうした効果がどのような成果を生んだのか，先ほど紹介したホテルの事例と，プレジャープロジェクトに取り組んだホテル全体の数値を見てみよう。

---

[2] 顧客情報のデジタル化の動きとともに，スマホアプリを活用したトップマネジメントとホテルスタッフとのコミュニケーションおよびホテルスタッフ間のコミュニケーションの活性化にも取り組んでいる。本書で紹介したホスピタリティのストーリーなども全従業員で共有できるような環境を整備している。

　まず，平均 CS ポイントであるが，これはホテル利用客の滞在中のサービスの満足度の各項目が5点満点で評価されるポイントである[3]。当該ホテルにおける2018年度の平均ポイントが，4.59であったのが，プレジャープロジェクトが始まった2019年度に4.65に上がり，2020年度（2020年12月末まで）は，4.71と順調に上昇している。ホテルとしては，4.80を超えることを目指しており，決して現在のポイントに満足しているわけではない。

　次に，スタッフを名指しで評価してくれた顧客アンケート数は，2018年度が920件であったのに対し，プロジェクトが始まった2019年度には，4218件と飛躍的に伸びている。2020年度に入り，コロナ禍で稼働率がかなり落ち込んでいるにもかかわらず，12月末までで，2991件に上り，プロジェクト前とは比較にならないほど多い。

　このことから，プロジェクトにおけるブランドアンバサダーを中心とした取り組みが，着実にスタッフの態度や行動変化として表れ，ホテル利用客の満足度を上げていることが分かる。

　また22施設で実施されているプレジャープロジェクトは，リゾートトラストグループの社内情報として，ホームページ上に多くの活動が紹介されている。

・子どものゲストに向けて，漢字のまだ読めない子どものための似顔絵入り名刺づくり
・マスク越しでは見えない笑顔をホテル利用客に届けるためのスマイルバッチづくりと新規利用客へのバッチのプレゼント
・さまざまに工夫を凝らしたタオルアートのサプライズ手渡し
・食事の際にホテルオリジナルのマスク入れの提供
・施設の周りのボランティア清掃活動
・ホテル利用客への声掛けをしやすくするためのヒントを記したプレジャーカード

---

3)　サービスアンケートは，客室に設置してあるタブレットで回答することができ，スタッフの名指しアンケートもこのシステムを通じて集約できるようになっている。

　前章で紹介した「リゾートトラストで本当にあった心温まる物語」に類する
エピソードも数多く紹介されており，プレジャープロジェクトは，ホテル利用客
である会員の「ホッとする経験」と「ハッとする経験」を生み出し続けている。

　プレジャープロジェクトを実施した 22 施設全体の平均 CS ポイントは，2018
年 1 月時点では 4.49 であったが，2020 年 1 月時点には 4.71 に上昇し，スタッ
フ名指しの CS アンケート件数も，2018 年度に 20447 件であったのに対し，
2019 年度は 44554 件と施設全体としても飛躍的に増加している。

　このプロジェクトでの成果を人事考課と結びつける試みも行われている。施設
の業績とリンクさせた上で，名指しアンケートを数多くもらったスタッフおよび
施設の仲間からのサンキューカードを数多くもらった人，あるいは数多くあげた
人は，独自の表彰システム「スタープログラム」で讃えている。

　2020 年 4 月にスタートしたプロジェクトの 2 年目は，コロナ禍でどこも苦労
していると聞く。しかし，コロナウイルス感染予防策を万全にして，安全安心な
滞在を周知したことで，一般ホテルと比較すると会員制ホテルの客足の戻りは早
く，会員のホテルへの期待は大きい。この先もプレジャープロジェクトを継続的
に実施し，それぞれのホテルのブランド価値を向上させていく必要がある。

　他方で，課題も残されている。各施設におけるブランドアンバサダーに期待さ
れる役割は大きい。自らが成長する糧として，様々な困難を乗り越えられるブラ
ンドアンバサダーもいれば，重責に燃え尽きそうになるアンバサダーもいるかも
しれない。アンバサダーが力をより発揮できるように，総支配人やマネジャーら
のプロジェクトへのコミットメントは欠かせないであろう。

　現在，2 年目に入っているプレジャープロジェクトであるが，この先長く続け
ば，慣性が働き，プロジェクト活動が活性化しにくい状況になることは想像に難
くない。しかし，実践共同体であるプロジェクトが学習する組織であり続けなけ
れば，会員を満足させるホスピタリティを発揮し続けることは難しい。実践共同
体を活性化させつづけるために以下の 2 点を意識する必要があろう。

　①中核となるブランドアンバサダーの新陳代謝。参加当時は周辺的であったメ
ンバーが徐々に中核となり，新たな周辺的メンバーが参加し続けること。

　②プレジャーメンバーの越境学習の工夫。実践共同体間の結びつきをつくったり，共同体を結びつけるブローカー的存在によって，境界横断的な知識や技能を獲得する機会を作る（Wenger,1998; Engestroem, 2016）。

　プレジャープロジェクトは，現在順調に進んでおり，ホテル & リゾート本部の人材育成の方策としても顕著な成果をあげている。本章ではブランドアンバサダーとプレジャーメンバーの活躍を紹介してきたが，今回のプロジェクトの成功の鍵を握っていたのは，本部のマネジメント方針と柔軟な対応力である。プレジャープロジェクトから生まれたアイデアや提案を吸い上げ，ホテルのマネジャーやホテル & リゾート本部が予算や現場に裁量を与えたこと，それにより，ホテルの最前線のスタッフが，ボトムアップで施設が良い方向に動いていると感じられたこと，まさにハックマン = オルダムの MPS（従業員の満足感）が高まる条件がそろっていたといえる。

おわりに

　本書は，主に組織行動論の視点から，ホスピタリティの概念と実践を明らかにしようとしてきた。

　接客の仕事において，サービスとホスピタリティ，もてなしという言葉は，あまり区別なく使われることが多いが，本書（第1章）ではその語源から異同を明確にしようとした。サービスが力関係による支配・従属の語源から生まれ，明確な片利共生の意を持つのに対し，ホスピタリティともてなしは双方向の関係を意識した概念であり，もてなしよりもホスピタリティの方が幅広い概念である。ホスピタリティは，その語源から無私の献身と歓待を意味し，主人（Hosts）と客人（Guests）が同じ共同体に属し，互いへの義務を負うスタンスがあり，より民主主義的な考え方から生じている。

　さらに，ホスピタリティ・マネジメントの概念も既存研究ではさまざまな使われ方をしていることが分かった。大別すると，「ホスピタリティを扱う産業のマネジメント」と「ホスピタリティの精神によるマネジメント」であり，本書では前者のホテル業界を対象にし，後者のホテルスタッフのホスピタリティ発揮に焦点を当てた。ただし，ホスピタリティの語源から，ホスピタリティの発揮は，ホテルスタッフからホテル利用客への働きかけだけではなく，利用客からホテルスタッフへのホスピタリティ発揮，スタッフ間でのホスピタリティ発揮も射程に入れる必要がある。

　ホスピタリティの発揮は，ホテル利用客のCS（顧客満足）をもたらす可能性が高いが，ホテルを運営する企業の視点からみれば，スタッフがどうすれば利用客にホスピタリティを発揮し続けられるのかを組織行動論的に理解し，それが可能になるマネジメントを模索する必要がある。第2章では，ホテルスタッフのサービス提供とホスピタリティの発揮を峻別した上で，CS向上のために必要なスタッ

フの ES 向上について考察している。そして，CS 向上をもたらす ES 向上の鍵になるのが，職場における自律性の発揮と自らのスキル向上と成長実感，上司や仲間からのフィードバックであることを明らかにした。

　ホテルを訪れる客にとって，ホスピタリティを感じるのはどんなときであろうか。本書では，高い CS をもたらすヒューマンウェアに着目し，高いレベルのサービス提供に満足し，唯一無二のホスピタリティを感じる経験を「ホッとする経験」と「ハッとする経験」，すなわち安定性の発揮と柔軟性の発揮ととらえ，相反するニーズに応えることの重要性を示した。また，サービスとホスピタリティの発展段階モデルを提示し，ホテルスタッフのキャリアに合わせた安定性と柔軟性の発揮，高コンテキストと低コンテキストという状況に合わせた気配りが必要であることを図解した。第 3 章の最後では，本書におけるホテルホスピタリティ発揮の 3 要件を記し，個々のスタッフのスキル向上とともに，組織的なホスピタリティ発揮が必要であることを示した。

　本書では，リゾートトラストグループの会員制ホテルを事例としてとりあげている。第 4 章では，会員制ホテルで実際にあったホスピタリティの実践を紹介し，第 3 章で提示した発展段階モデルに基づいた考察を加えている。会員制ホテルは，会員であるホテル利用客のほとんどがリピーターであること，また会員の子世代や孫世代とのつながりがあり，人生の節目節目で関われる機会があることがその特徴としてあげられる。長年にわたる会員のなかには，新たにホテルに入ったスタッフを自分の子どものように面倒を見てくれる人もいる。一般ホテルではあまり見られないホテル利用客によるスタッフへのホスピタリティの発揮がみられる。こうした職場において，ホテル＆リゾート本部のトップマネジメントは，ホテルに来られる会員を第二の家族と位置づけ，自らの家族のように大切にする気持ちを各スタッフの心に育もうとしている。この考え方は，もてなしやサービスよりもむしろ双方向の共生関係を強く意識するホスピタリティの概念と通じているといえよう。

　最後の第 5 章では，ホテル利用客に寄り添ったパーソナルサービス，唯一無二のホスピタリティ発揮を実現するために始まったプレジャープロジェクトを紹

介し，その意義と展望を考察した。加藤・山本（2009）が主張するように，サービスの提供はマニュアル化できるが，ホスピタリティはマニュアル化できず，相手が喜ぶものを相手に合わせてつくりあげていくものである。このプロジェクトは，職場そのものとは異なる学習する組織であり，いわゆる実践共同体の特徴を色濃く持っている。中核となるメンバーから若手が知識や技術を吸収し，職場に戻って実践してみる。その結果をさらにプロジェクトのメンバーと共有する。ホテルの運営に関する改善点があれば，職場に持ち帰って，課題解決を試みる。こうした経験が，ホテルスタッフの自己効力感を高め，ホテル内での自信に満ちたサービス提供やホスピタリティ発揮につながっていく。さらに，職場全体の効率性向上と CS 向上も達成していることから，組織としての学習能力も着実に上げていくことになろう。

　現在，コロナ禍において，観光業界，ホテル業界は非常に厳しい状況におかれている。リゾートトラストグループもホテルの稼働率という点では，同様に苦戦を強いられている。しかしながら，会員制本部におけるグループのホテルやメディカルの会員権販売は順調に増加している。現在のリゾートトラストグループの業績は，会員制本部が支えているといっても過言ではない。会員制本部が，会員へのコンタクトを最初に行う事業部であり，その後のすべてのリゾートトラストグループの提供するサービスへの入り口である。会員制本部のスタッフが会員に会員権を購入することの魅力を伝え，会員から信頼を得ることができなければ，会員制ホテルを含め，リゾートトラストグループのすべての事業のサービス利用へはつながらない。本書で詳細な言及はできないが，営業ノウハウの蓄積と共有，若手スタッフを育成し，動機づける職場環境が整っていることは想像に難くない。

　本書で取り上げた会員制ホテルのサービスクオリティが向上し，ホスピタリティ発揮により，会員の CS が向上することは，紹介件数の増加につながるだけでなく，リゾートトラストグループ全体のブランド力向上につながる。それが会員制本部の営業活動とのシナジー効果を生み出すことで，グループの発展をさらに確実にすることであろう。

　最後に，2021年4月1日付で同社がグループ全体の一体感を醸成し，会員へのより良いサービス提供とホスピタリティ発揮を目指して掲げたグループ アイデンティティ宣言を紹介して，本書を閉じたい。

　「ご一緒します，いい人生～より豊かで，しあわせな時間（とき）を創造します～」

謝　辞

　資料の提供やヒアリングにご協力いただいたリゾートトラストグループの経営陣および社員の皆さまに心より感謝いたします。ホテルスタッフの皆様からのヒアリングでうかがった内容やキーワードを本書内で数多く活用させていただきました。拙著がリゾートトラストグループの各事業で会員の方々に最高のホスピタリティを発揮しようとしているスタッフの皆様に少しでもお役に立つことを願っております。

参考文献

日本語文献

石川英夫（2007）『ホスピタリティ・マインド実践入門』研究社

稲垣公雄・伊東正之（2010）『エンゲージメント・マネジメント戦略』日本経済新聞出版社

岩本英和・高橋謙輔（2014）「日本のおもてなしと西洋のホスピタリティの見解に関する一考察」『城西国際大学紀要』第 23 巻第 6 号，pp.17-25

榎本博明（2017）『「おもてなし」という残酷社会』平凡社

加藤紘・山本哲士（2009）『ホスピタリティの正体』ビジネス社

鎌田實（2007）『超ホスピタリティ』PHP

木戸貴也（2012）「従業員満足，顧客満足と企業業績の関係に関する一考察」兵庫県立大学大学院『商大ビジネスレビュー』

厚生労働省（2015）「今後の雇用政策の実施に向けた現状分析に関する調査研究事業報告書～企業の雇用管理の経営への効果～」

小林潔司・原良憲・山内裕編（2014）『日本型クリエイティブ・サービスの時代』日本評論社

三枝理枝子（2012）『世界に誇れる日本人の心くばりの習慣 34』中経出版

佐藤友恭（2000）『顧客ロイヤルティの経営』日本経済新聞社

田尾雅夫（1999）『組織の心理学（新版）』有斐閣

武田哲男（2006）『「顧客満足」の常識』PHP 研究所

鄭森豪（2011）『現代サービス・マネジメント』同文館出版

寺澤朝子（2012）『個人と組織変化―意味充実人の視点から―』文眞堂

徳江順一郎（2018）『ホスピタリティ・マネジメント』同文館出版

徳江順一郎（2019）『ホテル経営概論第 2 版』同文館

富田昭次（2017）『「おもてなし」の日本文化誌』青弓社

中根貢（2013）『ザ・ホスピタリティ』産業能率大学出版部

服部勝人（1996）『ホスピタリティ・マネジメント―ポスト・サービス社会の経営―』丸善株式会社

服部勝人（2004）『ホスピタリティ学原論』内外出版

服部勝人（2006）『ホスピタリティ・マネジメント学原論』丸善株式会社

服部勝人（2008）『ホスピタリティ学のすすめ』丸善株式会社

林吉郎・福島由美（2003）『異端パワー―「個の市場価値」を活かす組織革新』日本経済新聞社

林田正光（2009）『ホスピタリティが生まれる瞬間』あさ出版

福島規子・村上和夫（2008）「宿泊産業における人的サービスの文脈性に関する研究」日本観光研究学会第 23 回全国大会論文集 pp.89-92

古田暁監修（1996）『異文化コミュニケーション（改訂版）』有斐閣

蓬台浩明（2011）『おもてなし経営』東洋経済新聞社

前田勇（1955）『サービス新時代』日本能率協会マネジメントセンター

松葉博雄（2008）「経営理念の浸透が顧客と従業員の満足へ及ぼす効果」『経営行動科学』第 21 巻第 2 号

松本雄一（2019）『実践共同体の学習』白桃書房

御子柴清志（2005）「従業員満足の経営」『経営政策論集』第 4 巻第 1 号

山上徹（2008）『ホスピタリティ精神の深化』法律文化社

山岸俊男（1998）『信頼と構造』

山口一美・椎野信雄編著（2018）『新版　初めての国際観光学』創成社

吉田孟史（2004）「暗黙的ルーティンと組織の思考」名古屋大学『経済科学』第 52 巻第 2 号，pp.1-19.

吉原敬典（2012）「ホスピタリティマネジメントの構造に関する一考察」目白大学『経営学研究』No.10，pp.17-28

外国語文献

Carlson,J and T. Lagerstroem(1985). *Riv Pyramiderna*, Albert Bonniers Foelag AB.（堤猶二訳（1990）『真実の瞬間 -Moment of Truth』ダイヤモンド社）

Darley, J.M and Fazio.R.H(1980) "Expectancy Confirmation Processes Arising in the Social Interaction Sequence, " *American Psychologist*, Vol.35, No.10, pp867-881.

Deci, E.L.(1975). *Intrinsic Motivation,* Plenum.(安藤延男・石田梅男訳（1980）『内発的動機づけ』誠信書房）

Dixon, M. and N.Toman, R.Delisi(2013). *The Effortless Experience*, Penguin Random House LLC.(神田昌典監修，安藤貴子訳（2018）『おもてなし幻想』実業之日本社)

Engestroem, Y.(2016). *Studies in Expansive Learning,* Cambridge University Press.（山住勝弘監訳『拡張的学習の挑戦と可能性』新曜社）

Hackman, J.R. & G.R.Oldham(1975) "Development of Job Diagnostic Survey, " *Journal of Applied Psychology*, No.60, pp159-170.

Hackman, J.R. & G.R.Oldham(1980). *Work Redesign*, Addison-Wesley.

Hall, E.T.(1976). *Beyond Culture,* Doubleday, New York.(岩田慶治・谷泰訳（1979）『文化を超えて』TBS ブリタニカ社)

Hall, E.T.(1998) "The Power of hidden differences." In M.J.Bennett(ed.), *Basic Concepts of Intercultural Communication*, Intercultural Press Inc., pp53-67.

Herzberg, F(1966). *Work and the Nature of Man*, World.(北野利信訳（1968）『仕事と人間性』東洋経済新報社)

Heskett, J.L., T.O.Jones, G.E.Loveman, W.E.Sasser Jr. and L.A. Schlesinger(1994) "Putting the service-profit chain to work", *Harvard Business Review*, Vol.72, Mar/Apr

Heskett, J.L., W.E.Sasser Jr. and L.A. Schlesinger(1997). *The Service-Profit Chain*, Free Press.(島田陽介訳（1998）『カスタマー・ロイヤルティの経営』日本経済新聞社)

Heskett, J.L., W.E.Sasser Jr. and L.A. Schlesinger(2003). *The Value-Profit Chain,* Free Press. (山本昭二・小野譲司訳（2004）『バリュー・プロフィット・チェーン』日本経済新聞社)

March, J.G. and H.A.Simon(1958). *Organizations,* John Wiley & Sons. (土屋守章訳(1977)『オーガニゼーションズ』ダイヤモンド社)

Meyer, E.(2014). *The Culture Map:Decoding How People Think, Lead, and Get Things Done Across Cultures*, Public Affairs. (田岡恵監訳（2015）『異文化理解力―相手と自分の真意がわかる ビジネスパーソン必須の教養 』英治出版)

Weick,K.E.(1969). *The Social Psychology of Organizing*, Addison-Wesley Publishing Company. (金児暁嗣訳（1980）『組織化の心理学』誠信書房）

Wenger, E.(1998). *Communities of Practice: Learning, Meaning, and identity*, Cambridge University Press.

Wenger, E., McDermott, R. and Snyder, W.M.(2002). *Cultivating Communities of Practice,* Harvard Business School Press. (野村恭彦監修, 櫻井祐子訳（2002）『コミュニティ・オブ・プラクティス―ナレッジ社会の新たな知識形態の実践』翔泳社)

参考資料

リゾートトラストグループ統合報告書 2020

『リゾートトラストで本当にあった心温まる話』リゾートトラスト株式会社総務部総務課，2015.

『リゾートトラストで本当にあった心温まる話Ⅱ』リゾートトラスト株式会社総務部総務課，2016.

『リゾートトラストで本当にあった心温まる話Ⅲ』リゾートトラスト株式会社総務部戦略総務課，2017.

著者紹介

寺澤　朝子（てらざわ　あさこ）

　中部大学経営情報学部経営総合学科教授

1995 年 3 月　名古屋大学大学院経済学研究科博士後期課程満期退学
2012 年 12 月　名古屋大学にて，博士（経済学）号を取得

主要著作

『現代経営組織論』共著　有斐閣，2005.

『組織論から組織学へ』共著　文眞堂，2009.

『個人と組織変化―意味充実人の視点から―』単著　文眞堂，2012.

ホテル・ホスピタリティの探求

2021 年 7 月 25 日　初版発行

著　者：寺澤 朝子
発行者：長谷 雅春
発行所：株式会社五絃舎
　　　　〒 173-0025　東京都板橋区熊野町 46-7-402
　　　　Tel & Fax：03-3957-5587
　　　　e-mail：gogensya@db3.so-net.ne.jp
組　版：Office Five Strings
印　刷：モリモト印刷

ISBN978-4-86434-138-7
Printed in Japan　　ⓒ検印省略　2021